소비가 직업이다

프로슈머의 시대는 어떻게 오고 있는가

PRODUCER

소비가 직업이다

CONSUMER

정균승 지음

프롬북스
frombooks

청어는 어떻게 죽지 않고 살아남았을까

청어는 영국인들의 아침식탁에 오르는 가장 인기 있는 고급 생선 중 하나다. 특히 살아있는 청어가 올라오는 것은 최고의 럭셔리한 아침식사를 의미한다. 하지만 문제가 있다. 싱싱한 청어를 먹기 위해서는 멀리 북해까지 나가서 잡아와야 한다는 점이다. 성질이 급하기로 소문난 청어를 먼 바다에서 잡아오다 보면 거의 대부분이 죽어버리기 때문에 살아있는 청어를 맛보기란 좀처럼 쉬운 일이 아니었다. 그래서 살아있는 청어는 냉동 청어에 비해 가격이 월등하게 비쌀 수밖에 없었다.

그런데 언제부턴가 영국인들의 아침식탁에 싱싱한 청어가 어렵지 않게 올라오기 시작했다. 그렇게 된 데에는 연유가 있었다. 청어를 잡아 대형 수족관에 넣은 다음 청어의 천적인 곰치를 함께 풀어놓았던 것이다. 이렇게 되자 청어들은 곰치에게 잡아먹히지 않으려고 안간힘을 써서 도망 다녔다. 그 결과 청어들 대부분이 살아남을 수 있었다. 미꾸라지 양식장에 천적인 메기를 풀어놓으면 메기의 밥이 되는 미꾸라지도 있지만 대부분의 미꾸라지들이 살아서 살이 통통하게 오르는 것과 같은 이치였다.

『역사의 연구』를 쓴 토인비는 기회 있을 때마다 이 청어 이야기를 언급했다. 이 이야기를 통해 혹독한 환경이 인류 문명을 발전시킨 원동력이 되었다는 메시지를 전했던 것이다. 중국만 해도 그렇다. 중국에는 거대한 대륙을 가로질러 흐르는 두 개의 큰 강이 있다. 양쯔강과 황허다. 양쯔강은 기후가 따뜻하고 땅이 비옥해 농사짓기에 안성맞춤이다. 반면에 황허는 높고 가파른 산맥과 가혹한 기후로 사람들이 살기에 매우 불리한 조건이었다. 하지만 고대 중국문명이 탄생한 곳은 양쯔강이 아닌 황허였다. 안락한 환경이 아닌 척박한 환경에서 오히려 세계사적 문명이 꽃피웠던 것이다.

누구나 편안하고 안락하게 살고 싶어 한다. 일부러 혹독한 시련과 고난이 따르는 환경에서 살고 싶어 하는 사람은 아무도 없을 것이다. 하지만 유리하거나 불리한 환경을 내 마음대로 선택할 수는 없다. 운이 따라 좋은 환경에서 살아간다면 더 이상 바랄 바가 없겠지만 세상 사는 일이 그리 호락호락하지만은 않다. 대부분의 사람들에게 주어진 환경은 녹록지 않다. 곰치나 메기의 입장이라기보다 청어나 미꾸라지의 처지에 가깝다. 살아남기 위해 부단한 노력을 거듭하지 않으면 안 되는 것이다.

일자리에서 일거리로

"모라벡의 역설Moravec's Paradox"이란 말이 있다. 로봇학자인 미국 카네기멜론대학교 한스 모라벡 교수가 제기한 패러독스다. '인간에게 어려운 일이 로봇에게는 쉽고, 인간에게 쉬운 일이 로봇에게는 어렵다'는 의미다. 모라벡의 역설은 2016년 이세돌과 알파고의 기념비적 바둑 대결로 지대한 관심을 모은 바 있다. 인간지능을 절대 따라잡을 수 없을 것이라고 굳게 믿었던 바둑에서조차 인공지능이 인간을 압도해버렸다. 하지만 이것은 21세기가 어떤 세상이 될지 가늠해보는 단지 서막에 불과할 뿐이다. 지난 몇 년 사이에 세상은 하루가 다르게 변하고 있다. 태어나서 한 번도 경험해보지 못한 현란한 변화 앞에서 사람들은 엄청난 가치의 혼란을 겪고 있다. 그 중심에 4차 산업혁명이 똬리를 틀고 있다.

2016년 스위스 다보스에서 열렸던 세계경제포럼의 주제는 '4차 산업혁명'이었다. 그사이에 인공지능은 전통적으로 인간이 해오던 일의 영역을 야금야금 잠식하고 있다. 과연 어디까지 파고들어올지 예단하기가 어려울 정도다. 의심할 여지없이 인간의 영역이라고 철석같이 믿고 있던 일의 세계까지 깊숙이 침투한 인공지능을 언제까지 외면만 하고 있을 수는 없지 않겠는가. 앞으로 인간이 어떻게 대처해나가야 할지 난감한 상황에서 우리는 세계경제사에서 일어났던 두 가지 전환기적인 사건을 통해 해결의 실마리를 풀어나갈 수 있을지 모른다.

16세기 초부터 영국에서 일어난 '인클로저운동Encloser Movement'은 한마디로 말해서 농민축출운동이었다. 토마스 모어가 『유토피아』에서 언급한 바 '양이 사람을 잡아먹는다'는 말이 사실이었다. 당시 영국의 방직산업이 급성장하면서 땅을 가진 지주들은 소작농들을 몰아내고 그 자리에 양을 키웠다. '울타리를 둘러친다'는 뜻을 가진 인클로저라는 단어가 상징하듯이 졸지에 삶의 터전을 잃은 수많은 소작농들이 기아에 허덕이지 않으면 안 되었다.

더 가까운 과거인 19세기 초, 역시 영국에서 일어났던 '러다이트운동Luddite Movement'은 노동자들의 기계파괴운동이었다. 생산현장에서 기계가 사람들의 일자리를 점점 빼앗아가자 참다못한 노동자들이 공장에 불을 지르고 기계를 파괴하면서 조직적으로 저항했다. 하지만 기계파괴운동에도 불구하고 기계는 인간들의 일자리를 더욱 더 빠른 속도로 대체해나갔다.

과거에도 그랬듯이 알파고의 출현은 21세기에 인공지능AI이 어떻게 존재할지를 상징적으로 말해준다. 지금 우리가 갖고 있는 일자리들은 시간이 가면 갈수록 다양한 AI들에게 자리를 내어줄 터이다. 한편 기존의 일자리가 사라지는 대신에 이제까지 없던 일자리들도 새로 생겨날 것이다. 다보스 포럼에서 발표된 자료에 따르면 4차 산업혁명의 영향으로 700만 개 이상의 일자리가 사라지고, 200만 개의 일자리가 새로 탄생할 것이라고 한다. 하지만 이것은 어디까지나 추정에 불과하다. 미래에 어찌될지는 그때 가봐야 알 수 있다.

분명한 사실은 새로 생기는 일자리보다 사라지는 일자리가 훨씬 많을 것이라는 점이다. 당연한 귀결이지만 앞으로 당분간은 대량실업이 상존하는 세상이 올 것이다. 따라서 어떤 '일자리를 얻느냐'가 중요한 것이 아니라 어떤 '일거리를 하느냐'가 더 중요하다. 이런 세상에서 인간지능과 인공지능은 치열하게 부딪히고 대립하는 경쟁자의 관계이기도 하겠지만, 때로는 보완과 협력을 통해 새로운 세상을 열어가는 동반자의 관계가 될 수도 있다. 어쩌면 인공지능은 '하이테크High Tech,' 즉 첨단의 기술을 활용한 일거리에 더 잘 어울리는 반면에, 인간지능은 '하이터치High Touch,' 즉 인간과 인간을 연결해주는 가교 역할의 일거리에 더 잘 어울릴 것이다.

그렇다면 우리는 앞으로 어떤 일을 해야 할까? 우리 자녀들은 장차 성장해서 어떤 일에 관심을 갖도록 해야 할까? 자녀 세대의 미래를 위해 지금 부모 세대가 해야 할 역할과 책임은 무엇일까? 누구도 예외일 수 없는 이 문제에 우리는 지금 얼마나 심도 있게 접근하고 있는 것일까? 바로 이러한 질문들에 대답하고 대안을 모색해보기 위해 나는 이 책을 썼다. 어떤 모습으로 다가올지 전혀 감을 잡을 수 없는 미래 세계의 문을 노크하고 들어가보려고 하는 것은 두렵기 짝이 없는 일이다. 하지만 그런 시도들을 거듭할 때 우리는 조금씩 열리는 문틈 사이로 미래의 모습을 들여다볼 수 있으리라 믿는다. 미력하지만 미래를 진단하고 나름의 처방을 제시해보려는 시도를 통해 독자의 미래 삶에 조금이라도 보탬이 될 수 있다면 그 이상의 영광이 없다고 생각한다.

돈도 시간도 모두 필요하다면

언제부턴가 일과 삶의 균형을 뜻하는 "워라밸Work-Life Balance"이 큰 화두로 떠오르고 있다. 일과 삶의 균형이 무너지면 극심한 스트레스에 시달리고 삶에 활력을 잃어 건강까지 해친다. 하지만 2018년 일생활균형재단 산하 WLB연구소에서 직장인 1,007명을 대상으로 조사한 바에 따르면, 하루 활동시간 중 일하는 시간에 83퍼센트, 개인 활동 및 여가시간에 17퍼센트를 할애한다고 응답했다. 여전히 일하는 데 많은 시간을 쓰고 있는 것이다.

일과 삶의 균형이란 말은 1970년대 후반 영국에서 처음 등장했다. 이미 50년 전에 나온 이 '워라밸'이라는 개념에 오늘날 우리가 이토록 열광하는 이유는 뭘까?

OECD 자료에 따르면 2019년 현재 한국의 1인당 연간 평균노동시간은 점점 줄어들고 있지만 멕시코와 함께 여전히 세계에서 가장 많은 편에 속한다. 한마디로 장시간·고노동·저임금의 '과로사회'라고 말할 수 있다. 끝없이 일만 하는 사회는 행복하지 않은 사회임에 분명하다. 행복하기 위해 일을 한다면서 정작 현재의 행복을 담보로 잡히고 미래의 행복을 쫓아가는 삶은 마치 사막의 신기루를 쫓아가는 것과 다를 바 없다. 그렇다고 해서 '인생은 단 한 번뿐'이라고 외치면서 현실을 "욜로족YOLO: You Only Live Once"으로 살아가기에는 발목을 잡는 것들이 너무 많다.

그렇다면 이 삶의 딜레마를 풀어나가는 실마리는 없을까? 더욱이 금수저나 은수저도 아닌 환경에서 일과 삶의 균형을 유지하면서 내가 원하는 사람다운 삶을 영위해나가는 현실적인 대안은 없는 것일까? 최소한의 '경제적 자유'를 누림과 동시에 여유와 휴식이 있는 '시간적 자유'까지 향유할 수 있는 실질적인 접근방법은 불가능할까? 누군가에겐 해당되지 않는다고 할지 모르나, 누군가에겐 커다란 인생의 전환점이 될 수 있는 실현가능한 대안에 대해 모색해보는 것이 이 책을 집필하게 된 동기이자 이유다. 지금부터 그 여정을 시작해보자.

소비가 일이 되는 세상

이 책은 모두 4부로 구성되어 있다. 1부에서는 달라지고 있는 세상에 대해 언급한다. 구체적으로 무엇이 어떻게 달라지고 있으며, 그 변화의 특징이 무엇인지에 대해 현실적인 사례들을 중심으로 이야기를 전개해나갈 것이다. 2부에서는 이런 세상을 살아가려면 어떤 마인드와 전략이 필요한지를 살펴보려고 한다. 변화하는 환경은 누구에게나 똑같을지라도 그런 환경에 대처하는 방식은 사람마다 제각각 다르다. 하지만 인간은 누구나 삶의 속박에서 벗어나 자유를 추구하고자 한다는 관점에서 과연 그 자유의 실체가 무엇인지 언급하기로 한다.

3부에서는 구체적 대안 가운데 하나인 '프로슈머 마케팅'에 대해 자세히 알아본다. 프로슈머 마케팅은 아는 만큼 보이고 보이는 만큼 느끼는 생활 마케팅이다. 소비에서 직업을 창출해내면서 경제적 자유까지 실현할 수 있는 21세기형 비즈니스다. 그 가치와 핵심이 무엇인지 소상히 들여다보자.

마지막 4부에서는 경제적 자유와 함께 시간적 자유를 누리기 위해서 꼭 챙겨야 할 것들이 무엇인지 살펴본다. 더불어 누구든지 인생에서 추구하는 자유를 통해 궁극적으로 인생의 전성기를 맞이할 수 있는 기회가 주어질 것인지 성찰해보는 시간도 가질 것이다.

끝으로 저자의 천학비재淺學菲才함으로 인해 책의 내용에 미숙하고 부족한 점들이 자주 눈에 띌 것이라고 생각한다. 이런 부분들은 독자들의 따뜻한 조언과 따끔한 지적을 통해 더욱 다듬고 꾸준히 개선해 나갈 것임을 약속드린다. 또한 이 책이 단 한 분의 독자에게라도 가슴에 와닿아 더 나은 삶으로 이끄는 내면의 물결을 일으켜줄 수 있다면 저자로서 더 없는 기쁨이자 보람으로 삼고 싶다.

미룡동 연구실에서 정균승

앞으로 당분간은 대량실업이 상존하는 세상이 올 것이다.

따라서 어떤 '일자리를 얻느냐'가 중요한 것이 아니라

어떤 '일거리를 하느냐'가 더 중요하다.

| 차례

1부 너무 빨리 변하는 세상

2부 그렇다면 어떻게 살 것인가

3부 프로슈머 마케팅

4부 시간적 자유를 찾아서

1부

너무 빨리
변하는 세상

세상 보는 눈

두 개의 세상이 있다

지구상에는 두 가지 세상이 있다. 하나는 내가 지금까지 사는 동안 늘 보아왔기에 익히 알고 있는 세상이다. 다른 하나는 내가 미처 보지 못했기 때문에 모르고 사는 세상이다. 내가 보았던 세상만 보고 살면 죽을 때까지 그 세상밖에 모른다. 그런데 문제는 내가 알고 있는 세상이 세상의 전부가 아니라는 사실이다. 어쩌면 내가 모르고 있는 세상이 알고 있는 세상보다 훨씬 더 큰지 모른다. 따라서 지금까지 내가 알고 있는 세상만 보고 살려고 하면 아무리 나이를 먹어도 그 세상의 울타리 안에서만 살아갈 수밖에 없다. 세상은 넓고도 넓은

데 좁은 울타리 밖으로 나갈 수 없는 것이다.

하지만 내가 보지 못한 세상이 분명 존재하리라 믿고 그 세상을 발견하려고 노력하다 보면 어느 순간 다른 세상이 눈에 들어올 때가 있다. 그때는 그야말로 '심봤다!'를 외치는 심마니의 심정이리라. 그 세상은 놀라움일 수도 있고 호기심일 수도 있다. 그러나 다른 한편으로는 망설임과 두려움의 대상이 될 수도 있다. 모든 것이 낯설고 생소해보이기 때문이다.

그러므로 보지 못한 세상이 보인다고 해서 그것이 전부는 아니다. 다른 세상을 보긴 했지만 보고도 애써 외면하려는 사람들이 있기 때문이다. 그들에게 세상은 여전히 지금까지 보아왔던 세계가 거의 전부나 다름없다.

그럼에도 그들 중에는 새로운 세상을 보았기에 달라지려 하는 사람들이 있다. 그들은 우물 안의 개구리처럼 살았던 지난날을 돌아보며 이제부터라도 과거처럼 살지 말아야겠다고 다짐한다. 그들 또한 두 부류로 나뉜다. 어떤 사람들은 그저 생각의 차원에만 머무른 채 살아간다. 그런가 하면 '달라진 세상을 내가 어떻게 살아가야 할까?' 하고 고민하면서 행동하고 실천하려는 사람들도 있다.

결국 같은 상황에서 우리가 어떤 선택을 하느냐에 따라서 미래의 삶이 달라진다. 그렇다면 나는 세상을 어떻게 바라보고 살아갈 것인가? 죽을 때까지 지금껏 내가 보았던 세상만 바라보면서 살아갈 것인가, 아니면 내가 아직 발견하지는 못했지만 분명 다른 세상이 존재하고 있음을 인정하고 찾아보려고 할 것인가? 그런 세상이 존재하고 있음을 알았다면 과거와 다르게 살기 위해 뭔가 실천하고 행동할 것인가, 아니면 알고는 있지만 나와는 상관없다고 외면해버릴 것인가? 나에게 이 세상은 희망과 도전의 푸른 초원일까, 절망과 두려움의 삭막한 사막일까?

무게중심을 바꾸면 운명이 바뀐다[1]

역대 올림픽의 수영 배영 100미터 우승 기록을 살펴보면 다음과 같다. 20세기부터 보면, 1908년 런던올림픽에서는 1분 24초였다. 1920년에 열린 엔트워프올림픽에서는 1분 15초로 기록이 단축됐다. 1928년 암스테르담올림픽에서는 1분 8초로 새로운 기록을 갱신했다. 하지만 거기까지였다. 세계적인 선수들이 1분을 깨기 위해 많은 도전을 했지만 '1분 벽'은 철옹성처럼 단단했다.

그런데 1935년 8월, 올림픽이 아닌 어느 고등학교 수영대회에서 '마의 1분 벽'이 깨졌다. 주인공은 미국의 고등학교 수영선수 아돌프 키에퍼였다. 당시 그의 나이는 17세, 기록은 놀랍게도 58.5초였다. 세계 최고의 선수들이 그토록 깨고자 했던 1분 벽을 무명의 고등학생이 돌파해버린 것이다.

비결은 무엇이었을까? 바로 '플립 턴Flip Turn'이라는 기술 덕분이었다. 기존의 수영선수들은 손으로 벽을 짚고 턴을 하는 일명 사이드 턴 방식을 이용했다. 하지만 손으로 턴을 하면 그 순간 보유하고 있던 운동량이 소멸되면서 속도가 줄어든다. 새로운 플립 턴 방식은 도착하기 1미터 전쯤 몸을 회전하여 발로 턴을 하는 기술이다. 이렇게 되면 둥글게 회전을 하면서 자연스럽게 '무게중심'이 이동하기 때문에 기존의 운동량을 최대한 보존할 수 있다. 결국 무게중심의 이동이 그토록 깨지지 않던 1분 벽을 간단히 깨버린 셈이다. 이후 플립 턴은 자유형이나 접영 등 모든 수영 종목으로 확산되었다. 플립 턴은 수영에서 '속도의 혁명'을 가져왔다.

1968년 멕시코시티에서 하계 올림픽 높이뛰기 결승전 경기가 열리고 있었다. 결승에 오른 선수는 단 세 명이었다. 그 중에 미국 대표로 출전한 신인 딕 포스베리가 있었다. 그는 2미터 24센티미터로 세계 신기록을 갱신하며 금메달을 목에 걸었다. 누구도 예상하지 못한 결과였다.

그런데 기록보다 사람들을 더 놀라게 한 것은 그가 아무도 생각하지 못한 새로운 높이뛰기 방식을 선보였다는 것이다. 당시까지만 해도 모든 높이뛰기 선수들은 바를 앞으로 넘었다. 이른바 '가위뛰기'라고 하는 벨리 롤 오버Belly Roll Over 방식을 택한 것이다. 이는 높이뛰기를 할 때 바 위에서 V자를 뒤집어놓은 자세(∧)를 취하며 넘는 기술이다.

딕 포스베리는 달랐다. 그는 '누워서' 넘었다. 이것을 배면뛰기, 일명 '플랍 점프Flop Jump' 방식이라고 한다. 이 기술은 무게중심이 신체 밖에 위치하기 때문에 최대 10센티미터 이상 더 높이 뛸 수 있게 해준다. 이후 대부분의 선수들이 배면뛰기를 시도하고 있으며, 현재 세계 최고기록은 2미터 45센티미터다. 배면뛰기는 높이뛰기에서 '높이의 혁명'을 이루었다.

수영 역사에서 속도혁명을 일으킨 플립 턴, 높이뛰기 역사에서 높이혁명을 일으킨 플랍 점프의 공통점은 무엇일까? 바로 무게중심을 바꾸었다는 점이다. 모두가 똑같은 무게중심을 유지하고 있을 때 새로운 무게중심을 찾아내는 '무게중심의 혁명'에 성공한 것이다. 무게중심을 바꿀 때 새로운 혁명이 탄생한다. 나의 무게중심은 지금 어디에 있을까? 운명을 바꾸고 싶다면 '삶의 무게중심'을 한번 바꿔야 하지 않을까? 무게중심을 바꾸면 운명이 바뀐다는데.

파이프 알파 폭발사고[2]

1988년 7월 6일 밤 10시경이었다. 북해 스코틀랜드 연안의 유전

지역에서 대규모 석유시추선 가운데 하나로 알려졌던 '파이프 알파' 유전 굴착선에서 거대한 폭발음이 들렸다. 불은 연료를 필요로 하는데, 유전 굴착기는 거의 무제한으로 연료를 공급할 수 있는 최적의 조건을 갖추고 있었다. 그런 의미에서 해상 유전 굴착기는 언제 터질지 모르는 그야말로 석유 시한폭탄과도 같은 장비라고 할 수 있다.

바로 그 시한폭탄이 터지고 만 것이다. 엄청난 불기둥이 바다에서 하늘로 솟구쳤다. 구조선이 도착했지만 뜨거운 열과 불기둥 때문에 접근할 수 없었다. 이럴 경우 해상 안전지침이나 훈련지침에는 헬기의 구조를 기다리라고 되어 있다. 북해의 유전 굴착선에서는 주로 헬기를 이용하여 이동을 하곤 했기 때문이다.

그러나 뜨거운 열기와 불꽃 때문에 헬기가 도저히 착륙할 수 없었다. 굴착기의 금속이 마치 버터처럼 녹고 있었다. 그 동안의 훈련 내용과는 관계없이 굴착선에 있던 모든 사람들은 최후의 선택을 하지 않으면 안 되었다. 안전수칙대로 헬기를 기다리든지, 아니면 배의 갑판에서 45미터 아래의 아득한 바다로 뛰어들 수밖에 없었다.

첫 폭발 후 20분이 지나자 굴착기의 메인 가스 파이프가 떨어져 나갔다. 계속되는 폭발로 파이프 알파 굴착기의 대부분이 파손되었다. 헬기 구조를 기다리던 사람들은 안타깝게도 모두 숨졌다. 나머지 사람들은 안전수칙을 무시하고 45미터 아래 불타는 바다로 뛰어내렸다.

바닷물에 뛰어들어도 위험하기는 마찬가지였다. 그 높은 선상에서 바다로 뛰어드는 것은 거의 자살행위나 마찬가지였다. 기름덩어리가 뒤섞인 불덩어리가 계속 그들을 향해 떨어졌다. 차이가 있다면 그들은 굴착기에서 불에 타 죽느니 차라리 자살을 선택한 사람들이었다. 하지만 생존자들은 바로 그들 중에서 나왔다.

파이프 알파 굴착기 폭발사고는 역사상 최악의 해상화재로 기록되었다. 이 사고로 무려 167명이 목숨을 잃었다. 밥 밸런타인은 선상에서 헬기를 기다리다 불에 타 죽느니 차라리 바다에 뛰어들어 자살하겠다고 결심한 사람들 가운데 한 명이었다. 그는 파도와 불덩어리가 뒤범벅이 된 바닷속으로 뛰어내렸고, 사투 끝에 자정 무렵 마침내 극적으로 구조되었다.

불타는 바다로 뛰어들기[3]

밥 밸런타인은 생사의 기로에 있던 그 짧은 순간에 선상에 남아 있는 것은 죽음 외에 다른 가능성이 없다고 생각했다. 그나마 생존할 가능성은 오직 현재의 상황에서 빠져나가는 방법밖에 없다고 판단했다. 그러나 수십 미터 아래 이글거리는 불바다로 뛰어드는 것 역시 살아날 가능성이 매우 희박했다. 그 절체절명의 순간에 그는 '확실한 죽음Certain Death'보다는 '불확실한 생존Uncertain Survival'에 모든 것을 걸었다.

밥 밸런타인의 극적인 생환이 의미하는 것은 무엇일까? 그는 위급한 상황에 처했을 때 기존의 상식이나 통념으로는 위기를 벗어날 수 없음을 알았다. 그래서 위험하기는 마찬가지지만 다른 희박한 가능성을 찾아 결단을 내렸다. 그 결과 기존의 방식에 자신의 생명을 걸었던 거의 대부분의 사람들과는 달리 기적적으로 살아남을 수 있었다.

현재를 어떻게 바라보느냐는 것은 매우 중요하다. 왜냐하면 현실에 대한 인식의 씨앗으로부터 미래의 행동이 발아되기 때문이다. 현재의 상태를 그대로 유지할 것인지, 아니면 그대로 있으면 위험하다고 판단하여 어떤 변화를 모색할 것인지는 내가 선택하기에 달려 있다. 현재의 상황이 나쁘긴 하지만 그런 대로 버텨낼 만하다고 생각하면 변화는 물 건너간 이야기가 되기 쉽다. 변화한다고 해서 지금보다 더 나아진다는 보장이 없는데 굳이 안락하고 익숙한 현실을 떠나 무엇 때문에 변화하려고 하겠는가?

많은 사람들이 변화를 말한다. 그 중에는 실제로 변화하려고 애를 쓰는 사람들도 많다. 하지만 변화에 성공한 사람들을 찾아보기란 쉽지 않다. 이유는 무엇일까? 현재를 '불타는 배'로 인식하고 이대로 남아 있거나 구조의 손길만 기다리고 있다가는 죽음밖에 없다는 결연한 자세로 변화를 모색하려는 사람들이 별로 없기 때문에 그런 것은 아닐까?

세상은 늘 그래왔지만 지금 우리를 둘러싸고 있는 경제 환경은 그 어느 때보다도 급격히 달라지고 있다. 물론 이것은 어제오늘의 일이 아니다. 이미 오래전부터 시작됐다. 20세기 산업사회의 태양이 저문 지 오래고 지금은 21세기의 태양이 떠오르고 있다. 새로운 세상을 살아가는 데 필요한 현실 인식과 가치관은 기존과는 달라져야 한다. 고용, 소득 및 소비와 관련하여 고정관념을 바꾸지 않는 한 우리는 불타는 배 위에서 발을 동동 구르면서 구조 헬기가 오기만을 기다리는 안타까운 처지가 되기 쉽다.

구조의 손길만을 기다리면서 시간을 지체하기에는 상황이 그리 녹록하지 않다. 나 스스로 생존을 위해 노력하지 않으면 설사 구조대가 도착한다 해도 그때는 이미 너무 늦어버렸을지 모른다. 구원의 손길은 내 안에 있다. 이대로는 생존하기 어렵다고 판단되거든 스스로 결단을 내려야 한다. 죽을 각오로 바다 속에 뛰어들 때 그곳에 구원의 손길이 기다리고 있을 것이다. 그러나 거센 파도가 넘실대는 바다로 뛰어드는 것이 너무 두려운 나머지 그대로 주저앉아 있는 사람들이 있다. 불확실한 생존보다는 확실한 죽음을 기다리는 사람들이 너무 많다.

내 치즈는 지금 어디에

지구상에서 가장 오랫동안 생존하고 번식해온 동물 세 가지가 무엇인지 아는가? 바퀴벌레와 개미 그리고 쥐가 그 주인공들이다. 이세 동물에게는 공통점이 있다. 모두 뛰어난 잡식동물이라는 점이다. 이들은 지구 환경과 생태계가 바뀌어 기존의 먹이들이 사라지고 새로운 먹잇감이 등장해도 곧바로 적응하는 특성을 지니고 있었기에 멸종하지 않고 살아남을 수 있었다. 늘 즐기던 먹이에만 집착하여 생태계의 변화를 감지하지 못하는 치명적인 우를 범하지 않고 변화에 탄력적으로 반응했기에 새로운 환경에서도 잘 살아남을 수 있었던 것이다.

한때 유행했던 단어 가운데 하나가 '치즈'다. 스펜서 존슨이 2000년에 쓴 『누가 내 치즈를 옮겼을까?』에서 시작된 열풍이 아닌가 싶다. 이 책에는 여러 주인공들 중 두 마리 생쥐인 스니프와 스커리가 등장한다. 변화에 적응하는 능력은 확실히 쥐가 사람보다 나은 것 같다. 늘 그 자리에 있던 치즈가 없어지자 스니프와 스커리 두 생쥐는 재빨리 치즈를 찾아 떠난다. 하지만 꼬마인간인 헴과 허는 고민하며 머뭇거리기만 한다. 인간은 스니프처럼 변화에 민감하지도 않고 스커리처럼 민첩하게 움직이는 스타일도 아니다. 그나마 허는 치즈를 찾으러 떠나지만 헴은 치즈가 점점 줄어들고 있는 창고에 고집스럽게 홀로 남는다.

이 이야기는 전 세계적으로 폭발적인 사랑을 받으며 변화의 열풍을 몰고왔다. 하지만 여전히 변화를 주저하는 많은 독자들은 이렇게 물었다. "그래서 고집스럽게 홀로 남은 헴은 어떻게 되었나요?" 그런가 하면 이렇게 말하는 사람들도 있다. "어쩌면 저는 헴을 닮은 것 같아요." 사람들의 이런 질문과 고민에 답할 필요성을 느낀 스펜서 존슨은 한 번 더 치즈 이야기를 풀어내기로 했다. 그래서 나온 책이 『내 치즈는 어디에서 왔을까?』이다.

헴은 왜 새 치즈를 찾아 나선 걸까? 과연 치즈는 어디서 온 것일까? 어떻게 해야 미로를 벗어날 수 있을까? 우리가 굳게 믿고 있는 사실이 항상 옳은 것일까? 이 책은 헴의 여정을 통해 이러한 질문들에 대한 답을 하나씩 찾아간다. 이를 통해 사람들이 진실이라고 믿는 '과거의 신념'이 실은 발전을 가로막는 요인임을 깨닫고 어떻게 해야 새로운 신념을 선택할 수 있는지 깊이 생각하게 해준다. 특히 인생의 전환점에 놓여 있는 상황에서 변화의 필요성을 실감하는 사람들에게 많은 생각을 하게 한다.

여기서 치즈는 여러 가지 의미를 담고 있다. 누군가에게는 먹고사는 문제일 수 있고, 누군가에겐 명예일 수 있다. 또 누군가에겐 출세나 성공을 의미할 수 있을 것이다. 치즈가 무엇을 의미하든 헴은 자신의 신념을 바꾸려고 하지 않는다. 왜냐하면 바로 그 신념들이 지금의 자신을 만들었다고 믿기 때문이다.

평생 미로 안에 갇혀 있던 헴이 아는 것은 미로뿐이었다. 미로 안에 있는 것만 보일뿐 밖에 있는 것은 아무것도 그려지지 않았다. 미로는 위험한 곳이다. 어두운 모퉁이와 막다른 골목이 많다. 하지만 헴은 결국 새 치즈를 찾아서 미로를 떠나기로 한다. 신념을 바꾸는 것은 두려운 일이지만 미로 밖에 무엇이 있을지 알아보기 위해 일단 떠나기로 마음먹는다. 두려움에 떨고 있는 헴에게 "일단 그냥 믿어보면 어떠냐?"는 호프의 말에 말도 안 된다고 생각하면서도 헴은 그렇게 해보기로 한다.

"정말로 믿을 수 있는 것에 한계가 없다면 못해볼 것도 없잖아?"

그는 다시 눈을 감고 '미로 밖에 놀라운 뭔가가 있다'고 생각하기 시작한다. 그러자 새로운 생각이 마음에 차오르고, 자신이 그것을 믿는 게 느껴진다. '어두운 모퉁이들이 다 어두운 게 아니고 막다른 골목들이 다 막힌 게 아니다'는 생각을 하니 헴은 기분이 좋아진다. 그는 그 생각을 꽉 잡고 신념이 될 정도로 믿을 수 있는지 알아보기로 한다.

내게 치즈가 없거나 없어졌다고 생각하는 것과 지금까지 좁게 생각한 내 세계 밖에 무한한 치즈가 있다고 믿고 진심을 다해 찾아 나서는 것은 천양지차이다. 그런 생각과 행동의 변화가 분명 다른 결과를 가져올 것이다. 어쩌면 인생 2막의 시작은 치즈가 어디에서 오는

지 찾아나서는 행동에서부터 비롯될지 모른다. 우리는 지금 스스로를 잘 대해주면서 치즈를 찾아나서는 희망찬 모험을 감행해야 할 때가 아닌지 깊이 성찰해봐야 한다.

신념은 우리가 사실이라고 믿는 생각이다. 하지만 때로 신념은 그저 상황을 인식하는 방법일 뿐이다. 생각의 창고에 낡은 짐을 가득 담은 채로 새로운 탐험을 시작할 수는 없다. 때론 있을 수 없다고 생각한 것을 상상하고 불가능한 것을 탐색해볼 필요가 있다. 내 생각이 바뀐다고 해서 내 본래의 모습까지 통째로 바뀌는 것은 아니다. 하지만 새로운 가능성에 도전하면 내가 할 수 있겠다고 생각한 것보다 더 많은 것들을 실행하고 경험하고 즐기며 살 수 있다.

브라질에 비가 내리면 스타벅스 주식을 사라

브라질은 세계 커피 생산량의 30퍼센트 이상을 차지하는 세계 최대 커피 생산국이다. 한번은 브라질에 비가 내려 심각했던 가뭄이 해소되었다는 뉴스가 나왔다. 그 뉴스를 들은 한 주식투자자는 곧바로 스타벅스 주식을 매입했다. 비가 와서 브라질의 커피 생산량이 늘어나면 원두가격이 낮아질 것이고, 원두가격이 낮아지면 스타벅스의 이윤이 증가하면서 당연히 스타벅스 주가도 오를 것이라고 예상했기 때문이다. 그리고 예상은 정확히 맞아떨어졌다. 두말할 것도 없이 그 주식투자자는 상당한 투자 수익을 거머쥘 수 있었다.

이 이야기는 피터 나바로Peter Navarro 교수가 쓴 『브라질에 비가 내리면 스타벅스 주식을 사라』에 나오는 내용이다. 자본주의 시스템에서 가격 흐름이 어떻게 변하는지 알고, 그 흐름에 대한 안목을 길러야만 성공할 수 있다는 이야기다. 브라질에 내린 비가 스타벅스 주가를 올린다는 얘기는 중국 베이징에 있는 나비의 날갯짓이 다음 달 미국 뉴욕에 태풍을 일으킬 수도 있다는 이른바 '나비효과Butterfly Effect'와 비슷하다.

이 나비효과가 한국 경제에도 얼마든지 폭풍을 일으킬 수 있다. 예를 들어, 원유가격이 상승하면 엉뚱하게도 라면과 맥주 값이 급등할 수 있다. 원유 값이 상승하면서 대체에너지 원료로 쓰이는 옥수수 가격이 크게 오를 수 있기 때문이다. 덕분에 미국 아이오와주 옥수수 농장주들은 대박을 맞는다. 이제 농장주들은 밀밭에도, 보리밭에도, 감자밭에도 옥수수를 심기 시작한다. 너도 나도 옥수수만 심으니 옥수수 재배 면적이 늘어나면서 밀이나 보리, 감자 같은 농작물들의 재배량이 줄어들고 가격이 상승한다. 그러면 비싸진 밀을 수입해야 하는 한국의 입장에서는 수입 밀 가격의 폭등으로 밀가루를 원료로 하는 라면 값이 상승할 수밖에 없다.

이것이 흔히 말하는 '애그플레이션Agflation'[4]이 발생하는 메커니즘이다. 애그플레이션은 농산물 가격이 오르면서 다른 물가도 연쇄적으로 오르는 현상을 말한다. 원유에서 옥수수, 옥수수에서 밀, 밀에서 라면으로만 바람이 부는 것이라면 그나마 다행이다. 경우에 따라서는 나비의 날갯짓이 훨씬 큰 폭풍우를 동반할 수도 있다. 가령 나비의 날갯짓이 중국을 향하면 어떻게 될까?

옥수수 값이 폭등하면 옥수수를 사료로 쓰는 중국의 돼지농가들이 타격을 받는다. 중국의 돼지농가들은 비싸진 사료 때문에 돼지 사육량을 줄일 것이다. 돼지 사육량이 줄어들면서 돼지고기 값이 급등한다. 중국인들이 가장 좋아하는 고기가 돼지고기다. 전 세계 돼지고기 소비량의 거의 절반을 중국인들이 차지하고 있다. 그렇기 때문에 중국에서 돼지고기 가격이 오르면 식료품 가격 상승을 비롯하여 전반적인 중국의 물가 상승으로 이어진다. 그것이 우리와 무슨 상관이 있냐고? 당연히 있다. 중국의 물가가 오르면 중국 노동자들의 최저 생계비 수준이 올라간다. 그러면 노동자들이 임금 인상을 요구한다. 그리하여 중국 노동자들의 임금이 오르면 중국산 제품들의 수출가격이 상승한다. 이제까지 값싼 중국산 제품 덕분에 저렴한 가격에 옷도 사고, 신발도 사고, 장난감도 구입했는데 앞으로는 어떻게 될까? 중국의 물가 상승은 시차를 두고 한국의 물가 상승을 견인하는 요인으로 작용할 수 있다.

이것이 어디 우리 경제에만 해당되는 현상이겠는가? 메이드 인

차이나에 의존해 호황을 누리던 세계경제가 고약한 복병을 만난 셈
이다. 그러므로 옥수수 값이 나와 무슨 상관이 있냐고 생각한다면 큰
오산이다. 지금은 라면 값에 불과하지만 나비의 날갯짓이 어디로 향
할지 아무도 모를 일이다. 이 나비가 다음엔 어디로 날아갈까? 브라
질에 비가 내리면 스타벅스 주식을 사라고 했듯이, 내 주변에서 예전
과 다른 어떤 변화가 감지된다면 어떻게 해야 할까? 그냥 모른 체하
고 살아야 할까? 아니면 그 변화가 어떤 나비효과를 가져올 것인지
예의주시해야 할까? 지금 우리 주변에는 이미 오래전부터 거대한 변
화의 물결이 밀려오고 있는데 이대로 있어도 괜찮은 걸까? 누가 과
연 자신 있게 괜찮다고 말할 수 있을까?

구조의 손길만을 기다리면서 시간을 지체하기에는
상황이 그리 녹록하지 않다.
나 스스로 생존을 위해 노력하지 않으면
설사 구조대가 도착한다 해도 그때는 이미
너무 늦어버렸을지 모른다. 구원의 손길은 내 안에 있다.

◇2◇
달라지는 세상

사는 게 뭐라고

얼마 전 한 일간지에 <'관계'를 잃어버린 한국인>이라는 제목의 기사가 실렸다.[5] 한국에서는 돈과 시간이 없으면 인간관계도 맺기 어려워진다는 것이다. 1인 가구의 증가와 함께 혼밥, 혼술, 혼영과 같은 신조어가 유행어가 되면서 사람과의 '관계'가 예전보다 더 중요한 의미를 띠게 되었다. 심지어 관계를 하나의 재화로 취급해야 한다는 뜻에서 '관계재'라는 용어가 등장하기도 했다. 이러한 관계재는 경제력의 크기와 반비례해서 가난할수록 관계재를 소유하기가 더 어려운 경향이 있다.

경제협력개발기구OECD가 각종 사회지표들을 비교하여 공개하는 「더 나은 삶 지수」를 보면 2019년 현재 한국은 '사회 구성원 각자가 위기에 처했을 때 도움을 받을 수 있는 지원망이 갖춰져 있는지'에 대한 조사에서 조사대상 40개국 중 수년째 40위를 고수하고 있다. 이러한 지표를 반영하기라도 하는 듯 한국인의 삶의 만족도는 10점 만점에 5.9점으로 33위에 머무르고 있다.

특히 경제적 요인은 청년층의 이성교제에 가장 큰 영향을 미치는 것으로 나타나고 있다.[6] 경제력의 차이가 이성교제에도 작용하고 있는 것이다. 남녀 모두 취업을 한 경우 이성교제 비율이 높았고, 특히 남성은 소득이 많은 경우에 교제를 할 확률이 높은 것으로 나타났다. 경제적 능력은 이성교제나 결혼과 같은 인간관계에도 영향을 미친다. 경제적인 문제로 연애, 결혼, 출산을 포기하는 20대, 30대 청년층을 가리켜 '삼포세대'라는 자조적인 유행어가 등장하는 것이 현실을 잘 대변하고 있다.

고령층 역시 경제적 어려움 때문에 삶의 질이 나락으로 떨어지기는 매한가지다. 통계청에서 발표한 경제활동인구조사에 따르면 고령층(55~78세) 세 명 가운데 두 명이 73세까지 일하고 싶다고 한다. 일자리를 원하는 가장 큰 이유는 '생활비 마련'인 것으로 조사되었다. 하지만 일을 하고 싶어도 마땅한 일자리가 없다. 평균수명은 계속 늘어가는데 나이를 먹을수록 어떻게 살아가야 할지 막막하기만

하다. 그나마 보수가 괜찮은 건설현장에서는 젊은 인력을 더 선호하기 때문에 연령대가 높을수록 일자리를 구하기가 힘들다. 건설현장은 대부분 60세로 제한되어 있고, 가사도우미나 식당일도 60대 후반이 마지노선이라고 한다.

이처럼 고령층의 생계문제가 심각한 사회문제로 대두됨에 따라 정부가 나서서 노인 일자리를 만들려고 노력하고 있다. 그러나 정부가 제공하는 노인 일자리의 약 80퍼센트는 쓰레기 줍기나 초등학교 등하굣길 지도와 같은 저임금과 단기 아르바이트다. 그것도 일주일에 2, 3회 하루 세 시간 정도 일하고 받는 돈은 고작 월 30만 원 내외이다. 노인들은 이 돈으로 생계를 꾸려나가기 어려우며 이마저도 안정성이 보장되지 않아 늘 불안하다고 하소연한다. 게다가 행여 아프기라도 하는 날에는 치료비를 마련하기도 버겁다. 인생 말기에 죽지 못해 살아가는 사람들이 너무 많다.

은퇴 후 50년

통계청이 발표한 「2018년 경제활동인구조사 고령자 부가조사 결과」를 보면 가장 오래 일한 직장을 그만둘 당시의 나이는 49.1세로 나타났다. 이 조사에서 말하는 고령자는 55세 이상의 인구이므로 직장인들의 평균 퇴직연령이 사실상 50세 미만으로 낮아졌음을 의미한다. 나이가 50이면 자녀들이 막 대학에 다니거나 대학을 준비하는 연령층이다. 게다가 갚아야 할 아파트 융자금도 있을 것이고, 자녀 결혼비용 등 앞으로 들어가야 할 돈이 가장 많이 필요할 시기다. 그런데 그 나이에 직장을 은퇴한다는 것은 50대 이후의 삶이 결코 만만치 않을 것임을 상징적으로 암시하고 있다.

평균적으로 50세의 나이에 직장을 은퇴한다는 것은 어떤 의미일까? 이젠 고단한 일에서 해방되어 평소 그토록 하고 싶었던 취미활동을 즐기며, 여행도 마음대로 다니고, 운동도 꾸준히 하면서 여유 있는 삶을 영위할 수 있다는 뜻일까? 물론 그럴 수도 있다. 그런데 문제는 얼마나 오래 그런 생활을 즐길 수 있겠느냐는 것이다. 죽을 때까지 최소한 30년에서 길게는 50년의 삶을 그렇게 살아갈 수 있는 사람들이 현실적으로 얼마나 되겠냐는 것이다.

김연아 선수가 소치올림픽을 끝으로 은퇴할 때의 나이가 24세였다. 그러면 20대에 은퇴를 선언한 김연아 선수 같은 경우엔 앞으로 남은 인생을 어떻게 살아가야 할까? 20대에 은퇴했다고 해서 인생에서도 은퇴한 것은 아니다. 김연아 선수는 은퇴 후 왕성한 사회활동을 통해 또 다른 삶의 영역을 개척해나가고 있다. 어쩌면 선수로서의 삶보다 더 멋진 인생을 꾸려나갈지 모른다.

하던 일에서 은퇴했다고 해서 인생을 은퇴한 것은 아니다. 다만 이제까지의 역할이 끝나고 다른 역할을 시작하는 전환점에 서 있다는 차이가 있을 뿐이다. 물론 몇십 년 동안 몸에 익숙했던 역할에서 벗어나 다른 역할로 이동한다는 것은 결코 쉬운 일이 아니다. 하지만 평균수명이 늘어나 직장 은퇴 후 30년 이상의 시간을 어떤 역할도 하지 않고 그냥 보낸다는 것은 생각만 해도 끔찍한 일이 될지 모른다.

50대 이상의 남자들이 동창회나 모임에 나가면 단골로 주고받는 이야기들이 있다. 이들은 이미 퇴직을 했거나 퇴직을 앞둔 가장들이다. 나이는 먹어가는데 애들은 점점 커가고 벌어놓은 돈이 없어서 아주 막막하다고 이구동성으로 말한다. 자녀 대학 다니는 데 들어가는 등록금 걱정, 결혼을 하게 되면 들어갈 결혼자금 걱정, 여유로운 삶을 살고 싶으나 준비가 미흡해서 걱정, 이래저래 걱정이 태산이다. 당장 들어갈 돈 때문에 살림살이는 늘 빠듯하고 허리가 휠 지경이다. 근사한 미래는 생각할 겨를도 없다.

그래서 그런 걸까? 많은 사람들이 은퇴 후를 걱정한다. 게다가 베이비붐 세대의 은퇴와 수명 연장으로 이른바 '은퇴 대란'의 시대가 오고 있다. 앞으로 30여 년에 걸쳐 인구의 3분의 1이 은퇴하는 초유의 사태가 벌어질 것으로 예상되지만, 정작 은퇴 준비는 막막하기만 하다. 50대 이상의 절대다수가 노후 준비가 안 돼 있다고 하는데 가장 큰 이유가 노후를 준비할 능력이 없다는 것이다. 1960년대만 해도 한국인의 평균수명이 52세였다. 불과 50년 사이에 수명이 무려 30년 이나 늘어났다. 평균수명이 길어지면서 자연히 나이가 들수록 쓰는 돈은 더 늘어날 수밖에 없다.

그렇다면 도대체 얼마를 더 벌어야 할까? 게다가 아직 자녀들의 교육과 결혼이 남아 있다면 어떻게 해야 할까? 결론은 60이 넘어서 도 일하지 않으면 안 된다는 것이다. 취업포털사이트 '잡코리아'에서 조사한 바에 따르면 2017년 고령층 경제활동참가율을 보면 55~64세 의 경우 67.9퍼센트, 65~79세의 경우 38.3퍼센트에 달한다. 이들의 구 직 동기는 '생활비에 보탬'이 59퍼센트로 가장 높다. 60이 넘어서도 생활비 때문에 일하지 않으면 안 되는 사람들이 60퍼센트 가까이 되 는 셈이다.

100세 쇼크의 시대

배워야 한다. 나이가 들수록 더욱 배워야 한다. 배워서 깨달아야 한다. 깨달은 것을 삶에서 실천해야 한다. 그렇지 않으면 죽음에 가 까워질수록 삶은 점점 더 피폐해지고 처량해진다. 『100세 수업』은 EBS 다큐프라임 <100세 쇼크> 제작팀이 쓴 책이다. 이 책의 제목을 보고 "나와는 관계가 없다"라고 말하는 순간 당신의 미래는 없다. 시몬느 드 보부아르는 『노년』에서 "미래에 우리가 어떤 인간인지를 모른다면 지금 우리가 누군지도 알 수 없다"라고 말했다. 요즘 누구나 100세 시대를 이야기하지만 우리는 진짜 100세가 어떤 나이인지를 모르고 산다.

누구나 태어나는 순간부터 나이가 들고 늙어가기 시작한다. 젊디 젊은 사람들에게는 이 말이 다소 달갑지 않게 들릴지 모르나 그들도 언젠가 '나이 듦'에 대해 생각하는 때가 올 것이다. 하지만 그때는 이미 늦다. 나이 듦에 대해 배워야 할 시기는 바로 지금이며, 그 대상은 살아있는 모든 사람들이다.

30대는 30대의 삶이 더 중요하다고 생각하듯이, 70대는 지금 70대의 삶이 더 중요하다. 10대와 20대에게 '앞으로 커서 뭐하지?'가 가장 큰 고민거리인 것처럼, 50대와 60대는 '은퇴 후 어떻게 살아가야 하지?'가 가장 큰 걱정거리다. '어떻게 나이 들 것인가'라는 질문은 '어떻게 살아갈 것인가'라는 질문과 다르지 않으며, '어떻게 시간을 보낼 것인가'와도 일맥상통하는 질문이다.

2015년 OECD가 조사한 자료에 의하면 한국의 65세 이상 노인 빈곤률은 약 46퍼센트로 전체 노인의 절반 가까이가 빈곤에 시달리고 있다. 노인 두 명 중 한 명이 가난을 면치 못하고 있는 것이다. 이는 OECD 회원국을 통틀어 단연 1위이며 2위인 멕시코에 비해 거의 두 배 수준일 정도로 심각하다. 노년기의 경제적 결핍은 자연히 우울

증과 자살충동으로 연결된다. 한국의 노인층 자살률이 10년 이상 세계 최고인 것은 가난이 가장 큰 요인으로 작용한 탓이다. 이것은 지금 젊은 세대의 경우 더하면 더했지 완화되기 어려운 사회현상이다. 나이 들어서 닥치게 될 미래의 현실을 남의 이야기로만 치부하지 말고 미리 염두에 두고 대비하는 자세가 필요하다. 그런 의미에서 '100세 수업'은 나이와 관계없이 모두가 배워야 한다. 거기에 우리의 미래 삶이 있기 때문이다.

버나드 쇼의 묘비엔 "우물쭈물하다가 내 이럴 줄 알았다"라고 쓰여 있지 않던가. 인생은 우물쭈물하는 사이에 그냥 간다. 자연에도 때가 있는 것처럼 모든 게 다 때가 있는 법이다. 그때를 놓치면 두 번 다시 기회가 찾아오지 않는 경우가 허다하다. '60대는 끝났고, 50대는 늦었으며, 40대는 가장 중요한 일이고, 30대는 본격적으로 해야 할 때이며, 20대부터 시작한다면 아주 현명한 일'은 무엇일까? 바로 노후 준비다.

노후 준비를 가로막는 가장 큰 이유 가운데 하나는 '자녀중심' 문화다. 아이들의 학비와 등록금을 다 대고 결혼비용을 마련하느라 가진 돈을 다 쓴다. 돈 한푼 나오지 않는 집은 죽고 나서 자녀에게 물려주기 위해 어떻게든 '소유'하고 있으려고 한다. 그리고 정작 본인은 노년을 빈곤하게 살아간다. 노후 준비는 가능하면 일찍부터 시작할 필요가 있다. 그러나 현실은 팍팍하다. 노후를 맞이하기도 전에 지금

생활하기조차 버거운 이들이 많다. 이들에게 노후를 철저하게 대비하라는 말은 어쩌면 고문에 가까운 말일지 모른다. 그럼에도 노인이 되었을 때 건강한 삶을 영위하기 위해서 개인적인 대비가 필수불가결하다는 것은 결코 외면할 수 없는 당면과제다.

지금까지 우리 사회는 아무 대비도 없이 얼떨결에 100세 시대를 맞이했다. 그러니 우왕좌왕할 수밖에 없었다. 하지만 이제부터라도 전례 없던 고령화 시대에 대한 대비책이 시급히 마련되어야 한다. 100세 시대를 재앙이 아닌 축복으로 맞이하기 위한 노력은 사회와 개개인 모두에게 닥친 가장 중차대한 문제다. 죽을 때까지 자식을 위해 희생하는 연어처럼 살던 시대는 지났다. 그렇게 살지 마라. 자식을 위해 무한 희생을 해야 하는 시대는 이미 갔다.

영화 <관상>에는 이런 대사가 나온다. "난 사람의 얼굴을 봤을 뿐 시대의 모습을 보지 못했소. 시시각각 변하는 파도만 본 격이지. 바람을 보아야 하는데. 파도를 만드는 건 바람인데 말이오." 눈앞에 보이는 파도가 '현상'이라면, 눈에 보이지 않는 바람은 파도를 일으키는 '본질'이다. 바람이라는 본질을 알지 못하고 파도라는 현상만 바라보고 있노라면 파도에 휘둘리기 십상이다.

원하든 원하지 않든 간에 세상이 돌아가는 상황이나 형편은 알고 살아가야 한다. 세상물정을 모르고 살아가다 보면 나만 엉뚱한 곳으로 흘러가고 있음을 시간이 한참 지난 후에야 발견하곤 허둥댄다. 때는 이미 너무 지나버렸는데 말이다.

학벌의 종말

앞으로는 학벌이 별무소용인 세상이 올 것이다. 이 무슨 해괴망측한 망언이냐고? 지금도 선행학습 시키느라 늦은 밤까지 자녀들을 학원으로 내몰고 있는 부모들 입장에서는 그런 생각이 들 법도 하다. 20년 전에도 그런 얘기는 숱하게 나왔지만 그때나 지금이나 우리 사회에서 학벌은 여전히 중요하지 않느냐고 볼멘소리를 하는 이들도 있을 것이다. 그럼에도 시간이 가면 갈수록 학벌은 무용지물인 시대가 오고 있다. 미래가 잘 안 보일 때는 과거를 돌아보는 것도 미래를 예측하는 한 방법이다. '학벌의 종말' 또한 그러하다.

조선시대와 구한말을 지나 일제강점기와 8·15 해방 그리고 6·25 한국전쟁의 격랑기를 거치면서 우리 사회에도 산업화의 물결이 일기 시작했다. 1960년대 산업화 이후 사회가 복잡해지면서 종전에는 없던 직업들이 무수히 생겨났다. 한마디로 조선시대에는 듣지도 보지도 못했던 직업들이 우후죽순처럼 탄생한 것이다. 그 과정에서 우리는 필연적으로 '제1차 학벌 파괴'를 경험했다.

당시의 학벌이라 함은 지금과 같은 이른바 일류대학이나 고학력을 의미하는 것이 아니다. 바로 조선시대 때의 '유학儒學'을 얼마나 공부했느냐가 학벌의 기준이었다. 조선시대만 해도 떵떵거리며 큰소리를 치던 유학이라는 학문은 새로운 사회에서는 맥을 추지 못했다. 회사원을 뽑거나 좋은 직장에 들어가려고 할 때 사서삼경으로 선발하는 곳은 한 군데도 없었다. 시대가 변했음에도 여전히 공자와 맹자를 논하고 농업이 천하의 근본이라며 농사만 짓던 사람들은 점점 시대에 뒤떨어진다는 말을 감수해야만 했다. 그렇다고 해서 유학이 아무 쓸모가 없다는 말은 절대 아니다. 지금도 유학의 정신은 우리 사회의 도덕과 윤리규범을 지키는 데 없어서는 안 될 소중한 민족적 가치다.

이렇듯 사회가 변모함에 따라 한때 사회를 이끌어가던 유학의 시대가 저물자 교육의 암흑기가 찾아온다. 사회는 몰라보게 변화하는데 이런 사회를 뒷받침할 만한 교육 시스템이 구축되지 않았던 탓이다. 이런 상황은 상당기간 지속되었다. 하지만 시간이 지나면서 서당과 유학을 대신하여 학교와 서양교육이 그 자리를 대체하기 시작했다. 산업사회가 요구하는 인력을 양성하기 위해 학교교육은 안성맞춤의 교육기관이었다. 전문인력을 양성할 목적으로 많은 학교교육기관들이 생겨났고 학벌은 점점 더 중요하게 되었다. 조선시대를 떠받치던 유학자들의 시대가 저물면서 전혀 새로운 철학에 기초한 새로운 교육 시스템이 사회의 주류를 형성하게 된 것이다. 이것이 오늘

날과 같은 학벌사회를 구성하는 모태가 되었다.

그런데 지금과 같은 대학교육 시스템은 과거 조선시대 유학교육 시스템이 처했던 상황과 매우 유사한 운명에 놓이게 되었다. 현존하는 교육 시스템으로는 새로운 시대를 살아가는 데 필요한 역량과 생존전략을 제공할 수 없기 때문이다. 또한 지금의 대학이 소화하기에는 너무 거대하고 다원화된 시스템이 걷잡을 수 없이 빠른 속도로 다가오고 있기 때문이다. 새로운 세상을 열어갈 지식 시스템 앞에서 기존의 시스템은 갈수록 왜소해져만 가고 있다. 오늘날 대학에 입학하는 젊은이들은 날로 왜소해지는 대학교육 시스템에서 낡은 지식으로 무장한 교수들로부터 점점 시대에 뒤떨어지는 교육을 받고 있다. 적어도 상당수의 대학 현장에서 지금 이런 일이 벌어지고 있다.

시간이 가면 갈수록 지금의 대학교육 시스템은 과거 유학교육 시스템이 그랬던 것처럼 점점 경쟁력을 상실할 것이다. 지금 대학에서 배우는 지식은 새로운 사회를 살아가는 데 필요한 실질적인 도움이 되지 못할 것이다. 새로운 직업을 찾는 문제에서는 더욱 그러할 것이다. '제2차 학벌 파괴' 현상이 본격적으로 도래하고 있는 것이다. 한편에서는 대학에 몸담고 있는 사람이 그런 말을 해도 되냐고 못마땅해 하는 분들도 있을 것이다. 하지만 과거에 유학자들도 비슷한 말을 했음을 상기할 필요가 있다. 그들은 아무리 세상이 변해도 유학이 최고라고 부르짖으면서 더욱 유학교육에 치중했지만, 유학은 점점 외로운 섬과 같은 존재가 되어갔다. 오늘날의 대학이 과거에 유학이 그 랬던 것처럼 미래에 그런 말을 듣지 않을 것이라고 누가 장담할 수 있는가?

학벌에 목숨 걸지 마라

그럼에도 오늘날 사람들은 왜 더욱 학벌에 매달리는 걸까? 그 이유 중 하나는 불확실성 때문이다. 기존의 사회질서가 무너지고 있지만 새로운 사회질서가 자리 잡지 못하고 있기 때문이다. 조선시대 말기 이후 사회적 격변기를 지나면서 새로운 시스템이 나타나지 않는 상황에서 속수무책으로 가만히 있기보다는 차라리 유학 공부나 더 열심히 하자고 매달리는 것이나 다름없다.

오늘날 일류대학에 보내기 위해 자녀들을 초등학생 때부터 선행학습으로 단련시키는 부모들의 심정 또한 그러하리라. 과거 신분상승의 보증수표였던 유학의 현대판 버전인 학벌을 통해 자녀의 미래를 확실히 보장받고 싶은 것이다. 그렇다면 선행학습을 비롯하여 모든 입시 관련 학원들은 누구를 위해 존재할까? 학생이나 수험생들을 위해 존재한다고 생각하는가? 미안하지만 그렇지 않다. 학원은 자녀를 둔 학부모를 위한 것이다.

무슨 뚱딴지같은 소리를 하고 있냐고? 부모세대는 대부분 산업사회 패러다임이 지배하던 시대를 살아온 사람들이다. 다시 말해, 자녀세대와는 다른 패러다임을 가지고 있다. 부모세대는 정해진 규칙과 규정이 지배하던 세상을 살아왔다. 미래는 어느 정도 예측 가능했으며 정해진 룰에 따라 똑같이 경쟁해서 승패가 갈렸다. 따라서 조금이라도 미리 준비하고 더 많이 대비해두면 그만큼 경쟁에서 유리한 고지를 선점할 수 있었다. 이때는 선행학습이 유리했다. 미리 예측이 가능하고 변화의 패턴과 방향을 어림잡아 짐작할 수 있다면 먼저 시작하는 사람이 앞서갈 수 있기 때문이다.

그러나 안타깝게도 앞으로 다가올 20년, 30년 후는 부모세대와는 전혀 다른 세상이 될 것이다. 생각했던 것보다 세상이 너무 빨리 바뀌고 있다. 한국에서 남자로 태어났을 경우 대학에 들어가 군대 다녀와서 졸업하기까지 6, 7년이 걸린다. 그런데 요즘은 10년에 한 번씩 강산이 변하는 것이 아니라 2, 3년에 한 번씩 변한다. 이런 판국에 대학에서 6년간 공부하고 사회에 나가면 그 공부는 공염불이 되기 쉽다. 하물며 초등학생 때부터 20년 후 '좋은 직장'에 취직할 생각으로 공부를 하고 있다면 그야말로 황당한 상황에 직면하게 된다. 초등학교 때 생각하는 20년 후와 실제로 20년 후에 만나게 되는 세상은 너무도 다를 것이기 때문이다. 그럼에도 부모들은 여전히 자녀를 선행학습에 내몰고 있다. 이것은 자칫 잘못하면 자녀의 미래를 망치는 결과를 초래할 수 있다. 선행학습에 길들여져 자라난 아이들은 너무도 빠른 변화 앞에서 어쩔 줄 모르고 혼란스러워하거나 변화 자체를 아예 거부하게 될지도 모른다. 심지어 변화 기피자가 되어 사회 부적응자로 추락할 수도 있다.

분명한 사실은 미래 사회에서는 다 배우고 난 다음에 배운 지식을 쓰려고 하다 보면 그사이에 그 배움이 아무 쓸모가 없게 된다는 점이다. 이럴 때는 먼저 배우고 나서 활용하려고 하기보다는 뭔가 실행하면서 그 과정에서 배우는 편이 더 지혜로울 수 있다. 물론 수많은 시행착오와 실수를 겪겠지만 그러면서 맷집이 길러지고 삶의 근육이 단단해진다. 먹고사는 데는 지식이 도움이 될지 모르나, 삶을 사는 데는 지혜가 도움이 되는 것이다. 지금은 지식보다 지혜가 더 갈급하다.

차치리와 신발

옛날 중국 정鄭나라에 차치리라는 사람이 있었다. 하루는 신발을 사려고 시장에 가려던 참이었다. 그는 자기 발의 치수를 알기 위해 미리 발의 탁본을 떠놓았다. 그런데 신발가게 앞까지 와서야 자기가 깜빡 잊고 탁본을 집에 놓고 온 사실을 알았다. 하는 수 없이 차치리는 서둘러 집으로 돌아가 그것을 가지고 다시 시장에 갔다. 하지만 그때는 이미 장이 파한 후였다. 이웃사람들이 이 이야기를 듣고 그에게 말했다. "아니, 그냥 그 자리에서 신발을 신어보면 될 것을 왜 쓸데없이 그런 수고를 했소?" 그러자 차치리의 대답이 걸작이었다. "탁본은 믿을 수 있지만 내 발은 믿을 수 없어서요."

『한비자』에 실린 이야기다. 자신의 발 치수를 잰 탁본이 없다고 해서 시장에서 신발을 사지 못하고 돌아간 차치리의 이야기를 통해서 한비자는 유교의 비현실적인 해결책을 풍자하면서 현실적인 어려움 앞에서 실질적인 도움이 되지 않는 이상주의자들의 사고를 신랄하게 비판했다. 현실의 문제를 해결하기 위해서는 과거의 기준이 아닌 현재의 상황에 따라 현실적으로 대응해야 한다는 것이 한비자의 주장이다.

탁본을 가지러 굳이 집에까지 갈 필요가 없음은 두말할 필요도 없다. 족탁을 믿을지언정 내 발은 믿을 수 없다는 차치리는 어리석은 사람임에 분명하다. 그러면서 나는 그런 어리석은 행동을 절대 하지 않을 것이라고 믿는다. 하지만 나도 역시 족탁을 가지러 집에 가는 사람일지 모른다고 생각해본 적은 없는가? 현실을 직시하기보다 그 현실을 본뜬 탁본을 더 신뢰하며 살고 있지는 않는가?

그런가 하면 중국 송나라 때의 한 농부 이야기도 있다. 농부가 하루는 밭에서 쟁기질을 하고 있는데 어디선가 난데없이 토끼 한 마리가 뛰어왔다. 그런데 그만 밭 한가운데 있던 나무 그루터기에 부딪혀 목이 부러져 죽고 말았다. 뜻하지 않게 토끼를 얻은 농부는 그때부터 농사일을 팽개친 채 또 토끼가 달려오기를 기다리며 나무 그루터기만 지키고 있었다는 것이다. 이것이 '수주대토守株待兎'라는 고사가 나온 유래다. 과거에 일어났던 일이라고 해서 현재에도 일어나는 것은 아니며, 과거에 옳았던 일이라고 해서 현재에도 반드시 옳지는 않다는 뜻이다.

과거의 기준에만 얽매여 현실의 변화를 애써 무시하는 사람들은 차치리처럼 살아가는 사람들인지 모른다. 또한 현실에서 일어나는 변화를 싫어하는 사람들은 어쩌면 송나라의 농부와 같은 사람인지 모른다. 변화는 예나 지금이나 끊임없이 일어나고 있다. 외면한다고 해서 비껴가는 것이 아니다. 세상의 변화를 무조건 두려워하지 말자. 변화를 직시해야 올바른 대처방법이 나오기 때문이다.

격변기를 살아가는 지혜

요즘 세상에 서당에 가고 유학을 공부하겠다고 하면 대부분 세상 물정 모른다고 할 것이다. 공무원이나 대기업 들어가겠다고 머리 싸매고 공부하는 사람들을 보면 언젠가 똑같은 말을 할지 모른다. 아니 이미 그렇게 말하는 사람들도 많다. 청소년기부터 선행학습이나 학원에 길들여져 좋은 학벌을 따낸 사람들은 10년쯤 지나서 그런 학벌이나 학위가 마치 학원에서 자격증 따는 것만큼이나 대수롭지 않은 것임을 알고 아연실색할 수 있다. 청춘을 바쳐 겨우 얻어낸 것이 어느 날 덧없는 것이었음을 알아차렸을 때의 심정을 상상해보라. 그런 자녀를 바라보는 부모의 마음을 헤아려보라. 그것은 10년 전 자녀의 미래를 생각해서 미리 대비해준 부모 탓인가, 아니면 영문도 모르고 부모님 말씀 잘 따른 자녀 탓인가?

우리는 지금 분명 난감한 처지에 놓여 있다. 기존의 시스템이 허물어지고 있지만 새로운 시스템은 그 모습을 분명히 드러내지 않고 있다. 그야말로 우리는 지금 모두가 격변기를 살아가고 있는 것이다. 한마디로 기존 시스템 안에 머물 수도 없고 그렇다고 해서 무작정 바깥으로 뛰쳐나갈 수도 없다. 그렇다면 어떻게 해야 한단 말인가. 발은 현재의 땅을 딛고 서 있되 눈은 항상 미래를 향하고 있어야 한다. 바깥으로 나가는 것이 두렵다고 해서 안에만 머무르는 것은 자신을 점점 고립시키고 옥죄는 결과를 초래한다. 새로운 직업들이 속속 등장하고 있는데 여전히 농사만이 최고라고 고집하는 조선시대나 해방 후 시대 사람들처럼 행동해서는 안 된다. 차치리처럼 경직된 기준에만 매몰되어 현재의 상황에 제대로 대처하지 못해서도 큰 낭패다. 미로 안에 머물러 있다가는 언제까지고 미로를 헤맬 수밖에 없다. 늘 미로 바깥으로 빠져나갈 준비를 하고 있어야 한다. 그리고 기회를 잡으면 과감하게 나아가야 한다.

20세기 치즈가 들어 있는 창고는 날이 갈수록 점점 더 바닥을 드러내고 있다. 아무리 노력해도 얻을 수 있는 치즈는 갈수록 적어지고 있다. 마찬가지로 학벌이 점점 더 한계를 드러낼수록 학벌에 매달리는 사람들은 더 대단한 학벌을 갖추기 위해 온갖 노력을 하고 있다. 그래야 그나마 과거에 얻을 수 있었던 보상을 받을 것이라고 굳게 믿기 때문이다. 하지만 언젠가는 알게 될 것이다. 그것이 얼마나 덧없는 것이었는지를.

우리를 태운 배는 20세기의 항구를 떠났다. 그런데 아직도 미련을 버리지 못하고 멀어져가는 항구만 바라보고 있는 이들이 적지 않다. 학벌이 강력한 힘이었던 시대가 저물고 있다. 지금 우리를 태운 배는 학벌이 무용지물이 되는 세상으로 항해하고 있다. 아직 그 자리를 대체할 만한 시스템은 모습을 드러내지 않았다. 항해를 더 계속해봐야 정체가 드러날 것이다. 하지만 그때까지 무작정 기다리고 있을 수만은 없다. 지금은 '혁명의 시기'다. 4차 산업혁명의 파고를 넘어서야 새로운 신대륙에 도착할 수 있다. 우리는 지금 4차 산업혁명이라는 태풍의 눈을 통과하고 있는 중이다.

먼저 배운 후에 활용하려고 하기보다

뭔가 실행하면서 그 과정에서 배우는 것이

더 지혜로울 수 있다.

물론 많은 시행착오와 실수를 겪겠지만

그러면서 맷집이 길러지고 삶의 근육이 단단해진다.

4차 산업혁명의 태풍이
몰려온다

4차 산업혁명이 뭐지?

'4차 산업혁명'이란 말을 처음 들어본 사람은 거의 없을 것이다. 세상 돌아가는 판세를 조금이라도 알고 있는 사람이라면 누구나 알고 있는 용어다. 하지만 4차 산업혁명의 본질이 무엇이고 앞으로 우리 삶에 어떤 변화를 가져올 것인지에 대해 진지하게 생각해보는 이들은 의외로 그리 많지 않다.

지금 중장년 세대의 어린 시절엔 인터넷이 없었다. 가상공간이나 온라인이란 말도 존재하지 않았다. 그런데 불과 몇십 년 사이에 태어나서 처음 접하는 것들이 너무 많이 출현했다. 인터넷이 온라인의 공간을 활짝 열어젖히자 3차 산업혁명이 등장했다.

그로부터 20년이 조금 넘었는데 4차 산업혁명의 시대가 눈앞에 펼쳐지고 있다. 속도가 너무 빠르다. 도무지 정신을 차릴 수가 없다. 그런 까닭에 4차 산업혁명 역시 유행처럼 지나갈지 모른다고 주장하는 사람들도 있다. 하지만 지금의 추이가 계속되는 한 이번 혁명은 쉽게 끝나지 않을 것 같다. 어쩌면 우리의 일상과 문화를 뛰어넘어 사고체계까지 바꿔놓을 수도 있는 그야말로 진짜 혁명이 될 개연성이 매우 높다.

사실 혁명이라는 말의 어감이 그리 편하지는 않다. 역사적으로 혁명이라는 말 속에는 어딘지 모르게 피의 그림자가 아른거린다. 하지만 모든 혁명이 다 그런 것은 아니다. 특히 경제혁명은 피 대신 삶을 바꿔놓는다. 지금까지 모든 경제혁명이 그랬다. 농업혁명, 산업혁명, 정보혁명을 거치면서 큰 물결이 굽이치고 소용돌이치는 사이 인간의 삶에 엄청난 변화를 가져왔다.

1964년 토마스 쿤은 그의 대표작 『과학혁명의 구조』라는 책에서 '혁명이란 패러다임의 변화'라고 말했다. '패러다임'이라는 말은 한마디로 말해서 사물이나 대상을 바라보는 시각이나 관점을 의미한다. 태양이 지구 주위를 돈다고 생각했던 천동설에서 지구가 태양 주변을 돈다는 지동설로 바뀐 것이 패러다임의 전환이다. 지구는 편평하다고 생각했던 '지구평면설'에서 지구는 둥글다고 관점을 바꾼

'지구구형설'이 패러다임을 바꾼 대표적인 사례이다. 패러다임이 바뀌면 그때까지 알고 있던 모든 것이 달리 보인다. '멈추면 비로소 보이는 것'들이 아니라 '생각을 바꾸면 비로소 보이는 것'들이 세상에는 너무 많다.

그러나 생각을 바꾸기 전에 먼저 해야 할 일이 있다. 관점이 바뀌지 않으면 생각은 안 바뀐다. 가장 먼저 바라보는 시각이 달라져야 비로소 보이지 않던 것들이 보이기 시작하고 그때 자연스럽게 생각도 바뀌게 된다. 패러다임이 바뀌면 보이지 않던 가치나 숨어 있던 진실이 모습을 드러낸다. 그 진실 앞에서 개인이나 조직은 변화하지 않을 수 없다. 비로소 혁명이 시작되는 것이다.

하지만 혁명은 하루아침에 완성되지 않는다. 기존의 익숙한 패러다임에 뿌리를 내리고 사는 사람들에게는 그런 혁명이 결코 달갑지 않다. 그들은 기존의 방식을 지키기 위해 새로운 패러다임을 거부하고 저항한다. 그런 과정에서 두 개의 서로 다른 입장이 대립하고 충돌한다. 새로운 패러다임을 수용하고 변화하려는 사람들과 기존의 패러다임을 고수하고 현실의 안정을 꾀하려는 사람들 사이에 마찰이 생기는 것이다.

이렇듯 동일한 대상을 바라보는 시각이 서로 다르다 보면 필연적으로 갈등이 일어나기 마련이다. 그럼에도 혁명이 던지는 메시지는 자명하다. 과거와는 다른 패러다임이 등장하고 나면 그로부터 개인의 삶에 변화가 일어나고 조직이나 국가를 경영하는 규칙과 제도가 점진적으로 변화한다는 것이다.

4차 산업혁명 또한 그러하다. 누군가에게는 4차 산업혁명이 새로운 변화의 전기를 마련해줄 수 있지만, 또 다른 누군가에게는 매우 부담스럽고 두려움의 대상으로 다가올 수도 있다. 솔직히 4차 산업혁명이라는 말을 반기는 사람들은 소수에 지나지 않을까 생각한다. 나 자신도 무척 부담스럽고 그다지 반기고 싶지 않은 용어가 4차 산업혁명이다. 왜냐하면 4차 산업혁명이라는 용어가 주는 뉘앙스가 희망과 의욕을 불러일으키기보다는 불안하고 두려운 마음을 갖게 하기 때문이다.

하지만 어차피 거부할 수 없는 대세라고 한다면 무조건 두려워하기보다 그것의 정체를 알고 대비를 하는 것도 나쁘지 않다고 생각한다. 그렇기 때문에 4차 산업혁명이 도대체 무엇인지, 그 혁명이 내가 살아갈 미래에 어떤 영향을 미칠 것인지, 적어도 혁명의 본질을 이해하고 차근차근 준비해나가는 것이 바람직하다고 생각한다.

4차 산업혁명이 무엇인지에 대해서 많은 이야기들이 오가고 있지만 일반인들이 이해하기에는 너무 어렵고 난해하기만 하다. 도무지 뜬구름 잡는 이야기 같아서 피부에 와닿지 않는다. 무엇이든 복잡하고 어렵게 정의를 내리는 것은 좋지 않다. 그것은 자기 자신도 잘 모르기 때문일 수도 있고, 아니면 자기가 다른 사람들보다 조금 더 낫다는 것을 보여주려고 일부러 잘난 체를 하는 것일 수도 있다. 어떤 이유에서든 누구나 쉽게 이해할 수 없는 정의는 잘된 것이라고 할 수 없다.

4차 산업혁명을 한마디로 정의한다면 '제조업과 정보통신기술이 하나로 결합된 것'이다. 다시 말해 모든 사물에 정보통신이 심어져서 우리 주변의 모든 존재들이 자신이 할 일을 알아서 수행한다는 이야기다. 그렇게 되면 사람은 이미 지능을 타고났으니 말할 것도 없거니와 다른 모든 존재들에게까지 인위적으로 지능을 심어주는 이른바 '인공지능AI: Artificial Intelligence'이 인간과 공존하는 세상이 온다. '인간지능'과 '인공지능'이 때로는 협력하고 때로는 경쟁하면서 사람들의 삶에 크고 작은 변화를 가져오는 것이 4차 산업혁명의 본질이다.

따라서 4차 산업혁명의 시대에는 사람이 사물을 일방적으로 지배하거나 통제하는 것이 아니라 서로 소통하고 협력하며 시너지를 창출하는 새로운 세상이 열린다. 그리고 인류는 지금 4차 산업혁명의 먼동이 트는 시간을 맞이하고 있다. 아직은 어두컴컴하고 무엇 하나도 뚜렷이 보이는 것이 없다. 하지만 점점 시간이 지남에 따라 4차 산업혁명은 서서히 그 모습을 드러낼 것이다. 다만 미래 어느 시점이 되면 지금부터 준비해나가는 사람과 환히 밝아져서 그 실체가 완전히 드러날 때까지 기다리고 있는 사람의 삶에 확연한 차이가 날 것만은 분명해 보인다.

일자리 도둑, 인공지능

앞에서도 언급한 바 있지만, 세계경제포럼이 발표한 「일자리의 미래」 보고서에 따르면 2020년경 선진국에서 700만 개 이상의 일자리가 사라지고 200만 개의 새로운 일자리가 생겨날 것으로 예측되고 있다. 어떤 일자리들이 사라지고 어떤 일자리들이 새로 생겨날까? 미래의 일자리에 어떤 변화가 오며, 우리는 어떤 자세로 일자리의 변화에 임해야 할까?

그 중심에 인공지능AI이 있다. 2019년 7월에 한국을 찾았던 손정의 일본 소프트뱅크 회장은 "한국이 집중해야 할 것은 첫째도 AI, 둘째도 AI, 셋째도 AI"라는 말을 해서 화제가 됐다. 실제로 인공지능은 어쩌면 전통적으로 인간이 했던 수많은 일들을 야금야금 훔쳐갈 '일자리 도둑'으로 군림할지도 모른다.

로봇의 사례를 들어보자. 2019년 현재 한국은 산업용 로봇 밀도가 1만 명당 710대로 8년째 압도적으로 세계 1위의 자리를 고수하고 있다. 세계 최고의 고령국가인 일본과 비교해도 두 배 이상 로봇 밀도가 높다. 미국의 보스턴컨설팅그룹이 2025년이 되었을 때 고급 산업용 로봇 도입으로 인건비가 가장 많이 줄어들 것으로 예상했던 나라가 바로 한국이다. 불과 5년 뒤의 일이다.

그래서 그런 걸까? AI라는 말만 들어도 우리는 갑자기 주눅이 든다. 왠지 모르게 인간보다 한 단계 우월한 지능을 소유하고 있는 존재인 것 같기 때문이다. 가까운 예로 2016년에 이세돌과 알파고 사이에 벌어진 바둑 대결을 들 수 있다. 바둑의 세계 챔피언 이세돌과 인공지능 챔피언 알파고 간에 벌어진 이 역사적인 대결에서 알파고가 4승 1패로 이세돌을 압도했다. 그 이후에 벌어진 인간과의 바둑 대결에서 알파고는 단 한 차례의 패배도 없이 완승을 거두었다. 결국 이세돌의 1승은 인간이 인공지능에게 승리를 거둔 유일무이한 기록이 되고 말았다.

그런 까닭에서일까? 언제부턴가 AI는 기존에 인간이 하던 일을 다 빼앗아갈 폭군의 이미지를 가지고 있다. 물론 그런 부분도 있다. 이미 일의 현장 곳곳에서 그런 우려는 현실이 되고 있다. 하지만 그것만이 전부는 아니다. 인간지능과 인공지능은 서로 충돌하고 경쟁하기도 하겠지만 얼마든지 함께 협력하고 공존할 가능성도 열려 있다. 그것은 결국 인간이 어떤 가치관과 방향성을 가지고 선택을 하느냐에 달려 있다. 예컨대 이세돌과 알파고가 서로 맞대결을 벌이는 것이 아니라 한 팀을 이루고 중국의 커제와 베타고가 다른 한 팀을 이루어 바둑의 복식경기를 펼치는 것이다. 그럴 경우에 바둑 기사라는 직업은 아예 소멸되는 것이 아니라 다른 형태로 진화할 뿐 여전히 존재할 수 있다.

4차 산업혁명이 본격적으로 도래하면 엄청나게 많은 사람들이 일자리를 잃을 것이라는 이야기들이 많다. 그것은 사실이다. 그러나 사실이 아닐 수도 있다. AI로 인해 일자리를 잃는 사람들도 많겠지만 AI 덕분에 새로운 일자리가 생겨 오히려 더 잘나가는 사람들도 등장할 것이다. 그러므로 우리는 4차 산업혁명이나 AI의 존재에 대해 지나친 두려움이나 공포감만 가질 일이 아니다. 이럴 때일수록 현실을 직시하고 필요하다면 새로운 세상을 살아가기 위한 준비를 해야 한다. 어쩌면 지금 우리는 호랑이 등에 올라탄 것과 같은 형국을 맞이하고 있는지 모른다. 기호지세起虎之勢는 엄청난 위기임과 동시에 절호의 기회가 될 수도 있음을 잊지 말아야 한다.

4차 산업혁명은 여러 개의 얼굴을 가진 야누스의 모습을 지니고 있다. 누군가는 그 속에서 악마의 모습을 볼 것이요, 다른 누군가는 천사의 모습을 발견할 것이다. 내가 원하는 4차 산업혁명의 얼굴은 어떤 모습일까? 내게 4차 산업혁명은 어떤 얼굴로 다가오고 있을까? 좋든 싫든 함께 살아가야 한다면 어떤 모습과 만나고 싶은가? 그에 따라 미래 내 삶의 질이 달라질 것이 불을 보듯 빤하다면 나는 과연 어떤 선택은 해야 하는 것일까?

4차 산업혁명의 수많은 모습들 가운데 여기서는 주로 일자리와 소비생활에 적지 않은 영향을 미치게 될 것들이 무엇이며, 그것의 실체를 통해 무엇을 발견하고 활용해야 할 것인지에 주안점을 두고 이야기를 전개해나가기로 하겠다. 더 구체적으로는 자율주행차가 일

자리에 어떤 영향을 미칠 것이며, 3D 프린터가 보편화되었을 때 소
비를 비롯하여 경제생활에 어떤 파급효과를 미칠 것인지 알아보기
로 한다.

트럭이 열차처럼 달리는 세상

2017년 세계 최고의 전기자동차 생산기업 테슬라의 앨런 머스크
회장이 신제품을 공개했다. 전기로 달리는 트럭 세미SEMI가 그 주인
공이다. 보증금 600만 원만 내면 2019년에 인수할 수 있다는 조건이
붙었다. 사전예약제로 접수를 받은 이 트럭 한 대당 가격은 당시 약
2억 5,000만 원 수준이었다. 전기트럭 세미는 동급 수준의 일반 트럭
보다 약 6,000만 원이나 비쌌다. 그럼에도 1천 대 이상의 사전예약이
성황리에 이루어졌다. 월마트 등 미국의 대형 유통업체들이 주된 고
객이었다.

그들은 왜 훨씬 비싼 돈을 주고 세미를 구입하려고 했던 걸까? 트
럭들이 일렬로 '군집주행Platooning'을 할 수 있기 때문이다. 군집주행
이란 여러 대의 자율주행 차량이 좁은 간격을 두고 운전자가 탑승한
최선두 차량을 뒤따르는 운전이다. 군집주행은 완전자율주행의 전
단계로 알려져 있다.

이렇게 되면 트럭은 사실상 기차나 다름없다. 기차가 철로 위를 달리는 데 비해 군집주행 트럭들은 도로 위를 달리는 차이가 있을 뿐이다. 이런 주행 관행은 앞으로 어떤 변화를 가져올까? 자율주행 트럭은 졸음운전이나 음주운전을 하지 않는다. 잠도 자지 않고 하루 24시간 종일 운전할 수도 있다. 그렇게 되면 이제 트럭을 운전하는 트럭운전자가 필요 없는 세상이 온다.

미국에는 현재 300만 명 이상의 트럭기사들이 있다. 이들의 상당수가 앞으로 더 이상 트럭을 운전할 수 없는 상황에 놓이게 될 것이다. 시차를 두고 한국에서도 이런 현상이 언젠가 일어날 것이 빤하다. 비단 트럭운전자에게만 해당되는 이야기가 아니다. 더 넓게는 모든 운전기사들에게 우울한 이야기가 아닐 수 없다. 또한 인공지능이나 로봇으로 대체될 수 있는 거의 모든 직업에 종사하고 있는 사람들에게는 남의 이야기가 아니다.

기계와 컴퓨터의 등장이 실업자를 양산했듯이 인공지능의 출현은 오랜 세월 안정적이던 일자리에 대량 실업사태를 가져올 것이다. 결코 피할 수 없는 시대적 변화에 정부와 기업 그리고 개인이 다 같이 대비해야 한다. 달라지는 직업의 미래에 어떻게 대처하느냐에 따라 개인의 삶의 질이 크게 달라질 것이다. 4차 산업혁명은 인류의 일자리에 엄청난 변화를 몰고 올 것이 틀림없어 보인다.

이미 글로벌 완성차 업계는 대대적인 구조조정에 착수했다. 미국의 GM자동차는 1만 5,000명 규모의 감원 계획을 발표했다. 미국의 포드나 독일의 폭스바겐과 아우디, 일본의 닛산 등도 구조조정을 계획하고 있다. 포드의 경우 유럽 공장 6곳을 폐쇄하고 직원 1만 2,000명을 감원하기로 했다. 폭스바겐 역시 2020년까지 3만 명 정도를 감원하겠다고 밝힌 바 있다.

국내 자동차 업계 또한 사정은 마찬가지다. 현대자동차 노사가 공동으로 개최한 한 회의에서 외부 자문위원회는 '미래차 시대에 현대차가 생존하려면 현재 5만 명 수준의 국내 생산 인력을 3만~4만 명으로 축소해야 한다'는 견해를 내놨다. 갈수록 치열해지는 글로벌 완성차 시장에서 살아남기 위해서는 뼈를 깎는 처절한 구조조정이 불가피한 것이 오늘의 현실이다.

내 집은 내가 짓는다

2014년 영국 신문 《파이낸셜 타임스》에 이런 기사가 실렸다. 중국 상하이에서 대형 3D 프린터로 집을 지었다는 것이다. 그것도 하루에 무려 열 채를 지었단다. 얼핏 들으면 무슨 장난감 집을 지었을 거라고 속단하기 쉽다. 하지만 일반 주택과 전혀 다를 게 없는 집이다. 태풍에도 견딜 수 있을 만큼 고강도의 공법으로 지은 집이다. 게다가 비용은 집 한 채당 500만 원 정도밖에 들지 않았다.

더욱 최근 들어 2019년 캐나다에서는 방 네 개짜리 콘크리트 주택의 외관을 단 하루 만에 제작하는 3D 프린터 기술이 특허 등록되어 사람들의 시선을 끌었다. 이 3D 프린터로 지은 집은 건축 기간을 획기적으로 단축시켰을 뿐만 아니라 비용도 기존의 10퍼센트밖에 들지 않아 세간의 이목을 집중시키고 있다. 이러한 3D 프린터 건축 방식은 특히 저소득층의 주거시설 구축이나 재난지역의 구호용 주택을 시공할 때 아주 저렴한 비용으로 신속하게 공사를 진행할 수 있어 캐나다 정부도 큰 관심을 보이고 있다.

이것은 가히 혁명적이다. 이제 3D 프린터로 만들 수 없는 것이 거의 없다. 먹고 싶은 음식도, 입고 싶은 옷도, 자고 싶은 집도 3D 프린터로 다 '찍어낼' 수 있다. 자동차도 만들고, 항공기도 제작하며, 다리도 세우고, 빌딩도 짓는다. 심지어 바이오프린팅은 신체의 장기까지 '생산'할 수 있다.

이것이 우리에게 시사하는 바는 무엇일까? 기술의 발전은 인류를 어디로 이끌고 가는 것일까? 그 과정에서 우리의 삶에는 어떤 변화들이 예고되고 있을까? 전통적으로 생산자는 돈을 버는 경제주체이고 소비자는 돈을 쓰는 경제주체다. 우리는 보통 생산활동에 참여해서 번 돈으로 소비활동을 한다. 하지만 이제 그런 구분 자체가 모호해지는 세상이 오고 있다. 3D 프린터는 이와 같은 변화를 이끄는 주역으로 떠오르고 있다.

일찍이 1979년 앨빈 토플러는 그의 역작 『제3의 물결』에서 '프로슈머Prosumer'에 대해 언급한 바 있다. 그는 21세기에는 생산자와 소비자의 경계가 모호해지는 세상이 올 것이라고 전망했다. 당시만 해도 프로슈머가 누구인지 몰라 뜬구름 잡는 기분이었다. 그로부터 40년이 지난 지금 세상은 프로슈머가 핵심적인 경제주체로 부상하고 있다. 소비자가 필요한 재화나 서비스를 직접 생산하고 유통까지 담당한다. 프로슈머는 사람과 사물이 유기적으로 소통하고 통합하는 4차 산업혁명 시대와 가장 잘 어울리는 경제주체이다.

화성에서 피자 만들어 먹기

2016년 영국 런던의 쇼디치에서 세계 최초의 3D 프린팅 레스토랑 '푸드 잉크FOODINK'가 처음으로 문을 열었다. 이 식당은 얼핏 여느 식당과 다를 바 없어 보이지만, 가구나 식기 심지어 실내 인테리어까지 모든 기기들을 3D 프린팅 기술로 자체 제작했다. 식탁과 의자부터 포크, 나이프, 숟가락, 접시, 컵은 말할 것도 없거니와 심지어 음식까지도 3D 프린터로 찍어낸 것들이다. 컴퓨터로 조리법을 만든 다음 재료를 넣으면 메인 메뉴는 물론 스프도 뚝딱 만들어진다.

그래도 역시 가장 궁금한 것은 음식의 맛이다. 레스토랑을 찾은 손님들의 반응은 뜻밖이다. 3D 프린터로 만들어서 가짜 냄새가 나거나 인공적일 것이라고 생각했는데 실제로 먹어보니까 맛이 진짜 요리와 거의 비슷하더라는 것이다. 런던에서 처음 문을 연 이 식당은 앞으로 서울을 비롯하여 전 세계 20개 도시에서 시범 운영에 들어갈 계획을 세우고 있다. 한편 미국항공우주국 나사NASA에서는 화성에 파견할 우주인들에게 필수적인 비타민 공급을 하기 위해 3D 프린터로 만든 피자를 개발하는 데 성공했다. 어쩌면 화성에서 피자를 먹으면서 여행을 즐기는 세상이 예상보다 빨리 올지도 모르겠다.

음식에서 가장 중요한 두 가지는 맛과 건강이다. 하지만 3D 프린터의 출현은 맛과 건강 외에도 편리함이나 시간 절약과 비용 절감이라는 새로운 가치를 부여하고 있다. 물론 몇십 년 후에도 프라이팬이나 냄비가 여전히 존재할지 모르지만 먹거리와 관련한 기술혁신은 지속적으로 이어질 것이다.

이제 인류는 음식에 대한 관점을 바꿔야 할 때가 된 것 같다. 식품 3D 프린팅 기술이 상용화되면 개인이 원하는 음식의 식감을 살려주고 신체 흡수 능력을 고려한 맞춤형 식품들이 개개인의 식탁에 오를 것이다. 식품용 3D 프린터는 음식의 식감이나 맛, 영양, 향미는 물론이거니와 형태와 색상까지도 마음대로 찍어내는 만능 요리사가 될 것이다. 이런 추세라면 미래에 3D 프린터는 인류의 음식 패러다임을 바꾸는 데 결정적인 역할을 할 기술로 자리 잡을지 모른다.

3D 프린터가 일반인들에게 본격적으로 보급되기 시작하면 경제 활동에 상당한 변화가 불가피할 것이다. 과거 PC가 그랬던 것처럼 머지않아 3D 프린터를 수백만 원대에 구입할 수 있다. 그렇게 되면 필요한 모든 것을 자체 생산하는 시대가 온다. 피자도 내가 만들어 먹고 옷도 내가 디자인해서 만들 수 있다. 하루 만에 내가 원하는 스타일의 집을 뚝딱 지을 수도 있다. 그것도 지금과는 비교할 수 없이 저렴한 비용으로 가능하다.

하지만 무조건 좋아할 일만은 아니다. 3D 프린터를 이용해 많은 사람들이 직접 집을 지으면 그동안 집을 짓던 건설업자와 건축업자들의 일감이 없어진다. 또한 그와 연관된 수많은 일자리들 역시 근본적인 위협을 받게 된다. 같은 이유로 피자가게가 많이 사라지고, 요리사들 역시 힘든 시절을 맞게 된다. 이제까지 세상에 존재하던 무수히 많은 일자리가 뿌리부터 흔들릴 것이다. 4차 산업혁명 시대에는 일자리에 대한 기존의 고정관념을 바꾸지 않으면 누구도 안전할 수 없는 세상이 올 것이다.

앞서 언급한 「일자리의 미래」라는 보고서에서 우리가 꼭 기억하고 있어야 할 것이 있다. 지금 초등학교에 입학하는 전 세계 7세 어린이의 65퍼센트는 아직은 존재하지 않는 일자리에서 일하게 될 것이라는 전망이다. 21세기에는 대량 실직이 불가피하다. 기존의 일자리는 사라지는 데 반해 새로운 일자리는 아직 그 모습을 드러내지 않고 있다. 이 격변기를 어떻게 살아가야 하는가? 나는 무슨 일을 하며 살아가야 하는가? 여기에 대비해야 한다. 비단 어린이나 청소년뿐만 아니라 앞으로 세상을 살아갈 모든 사람들이 마찬가지다. 단순 기술이나 비전문성으로는 살아가기가 갈수록 어려워지는 세상이다. 미리 대비하지 않으면 나이가 들수록 충격적인 미래와 만날 가능성이 농후하다.

뜨는 사람 vs 지는 사람

사람의 삶이란 게 크게 보아 두 가지다. 하나는 활동하는 시간이고, 다른 하나는 잠자는 시간이다. 활동시간은 다시 일하는 시간과 쉬는 시간으로 나뉜다. 일하는 시간은 생산활동을 의미하며, 쉬는 시간은 주로 소비활동에 쓰인다. 그렇다면 생산활동과 소비활동 중에는 어떤 것이 더 우선일까? 아무래도 생산이 먼저일 것이다. 생산활동을 해야 돈이 생겨서 소비를 할 테니까.

생산활동은 다시 두 가지 직종으로 나뉜다. 생산직과 사무직이 그것이다. 이 중에서 생산활동의 본질은 생산직이다. 사무직은 어디까지나 생산활동을 보조하기 위해 필요한 직종이기 때문이다. 그렇다면 생산직이 일하는 곳은 어디일까? 공장이나 현장이 생산직의 주된 활동무대이다. 자본주의의 역사는 곧 생산직이 일하는 공장의 역사라고 해도 과언이 아니다. 농경사회의 무대가 농장이었듯이 산업사회의 무대는 공장이다.

그런데 지금 이 공장에 혁명이 일어나고 있다. 다시 말해 공장에서 생산을 하는 주역이 바뀌고 있다는 것이다. 사람에서 로봇과 인공지능으로 생산의 주체가 달라지고 있다.

미국의 전기자동차 생산업체 테슬라는 캘리포니아 실리콘밸리 인근에 공장을 지었다. 자동차를 만드는 데 있어 사람보다 로봇과 정보통신기술이 더 중요해졌기 때문이다. 그 결과 동남아시아보다 미국이 생산하는 데 더 유리해졌다. 어쩌면 자동차 부품소재회사들과 심지어 철강회사들도 미국으로 돌아갈지 모른다.

독일의 다국적기업 아디다스 역시 이제 신발을 독일에서 만든다. 이전에는 중국이나 베트남 등 동남아시아에서 수많은 노동자들이 만들던 신발을 지금은 고작 몇 명만 투입해도 된다. 3D 프린터로 신발을 만들기 때문이다. 점점 더 많은 선진국 기업들이 더 이상 임금이 싼 동남아시아에서 제품을 생산하지 않으려고 할 것이다. 사람이 아닌 다른 대체수단을 통해 제품을 만드는 편이 훨씬 높은 수익을 가져오기 때문이다. 게다가 머나먼 해외에서 제품을 만들어 배로 운송할 필요도 없게 되었다. 주요 제품을 자국에서 생산하는 관계로 대형 선박으로 운송하지 않아도 된다. 그렇게 되면 대형 선박의 수요가 줄어든다. 자동차산업, 철강산업, 조선업, 해외운송업 등 소위 중후장대重厚長大산업의 연쇄적인 불황이 도미노처럼 이어질 수밖에 없다.

더 걱정스러운 점이 있다. 4차 산업혁명의 핵심 가운데 하나가 공장에서 사람들이 사라진다는 것이다. 사람들이 일할 자리가 사라지니 실업이 늘어나는 것은 당연하다. 대량실업은 경제문제는 말할 것도 없거니와 큰 정치사회문제임에 틀림없다. 더욱이 이런 종류의 실업은 구조적 실업이기 때문에 일시적인 문제가 아니다. 상당한 시간동안 커다란 진통을 겪지 않을 수 없다. 임시방편의 처방으로는 해결이 안 된다.

그렇다면 이 문제를 어떻게 타개해야 할까? 물론 정부의 역할이 중요하다. 장기적인 관점에서 볼 때 4차 산업혁명을 국가가 먼저 주도적으로 나서서 가능한 한 대대적인 투자와 지원을 해야 한다. 그러나 국가에게만 책임을 떠넘길 수는 없는 노릇이다. 기업 또한 4차 산업혁명의 핵심 주역이 되도록 과감한 투자를 아끼지 않아야 한다. 4차 산업혁명의 순풍을 등에 업고 달리는 기업들이 미래를 선도할 것이기 때문이다.

개인들 또한 발만 동동 구르고 있다고 해서 될 일이 아니다. 어쩌면 가장 직격탄을 맞는 것은 경쟁력 없는 개인들일지 모른다. 앞으로는 미래사회의 변화를 읽고 통찰력을 가진 개인이 잘나갈 것이다. 이제 고만고만한 경쟁력을 가진 개인들은 기대에 못 미치는 일만 맡게 될지 모른다. 아예 일자리가 없거나 최저임금 수준의 일밖에 주어지지 않을지 모른다. 지금 당장은 괜찮을지 몰라도 20년 후에는 몰라보게 달라진 환경과 맞닥트릴 것이다.

어떤 정부가 들어서더라도 지금과 같은 고실업을 피해갈 수는 없다. 정부 탓만 하고 있을 게 아니라 시대적 흐름을 읽고 미리 준비해나가는 개인의 노력이 더 중요하다. 역사가 늘 그래왔듯이 세상이 바뀌면 고꾸라지는 사람들이 있는가 하면 새롭게 부상하는 사람들도 있게 마련이기 때문이다. 누구나 세상의 변화를 모르지는 않는다. 하지만 애써 외면하려는 사람과 똑바로 대면하려는 사람은 대처하는 방식이 다르다. 피하려는 사람에겐 막다른 길이 나타나기 쉽지만, 헤쳐 나가려는 사람에겐 새로운 길이 보일 것이다. 그에 따라 각자의 운명은 매우 다른 길로 들어설 것이다.

『소유의 종말』에서 저자인 제러미 리프킨은 21세기에 인류가 만들어나갈 사회의 성격에 대해 언급했다. 이 책에서 그는 시장은 네트워크에게 자리를 내주며 소유는 접속으로 바뀔 것이라고 진단했다. 또한 기업들은 물건을 파는 것보다는 광범위한 공급자-사용자 네트워크를 통한 공동 경영을 더 선호할 것이라고 내다보았다. 기존의 사회에서는 가진 사람과 못 가진 사람의 격차가 컸다면 새로운 사회에서는 연결된 사람과 연결되지 못한 사람의 격차가 더 커질 것이라고 예견하기도 했다. 제러미 리프킨의 말처럼 진정한 자유는 소유가 아니라 공유에서 나오며, 서로 인적 네트워크를 형성해 공유하고 공감하며 포용할 수 없으면 사람은 진정한 자유를 누릴 수 없는 세상이 오고 있음이 분명하다.

———

전통적으로 생산자는 돈을 버는 경제주체이고

소비자는 돈을 쓰는 경제주체다.

우리는 보통 생산활동에 참여해서 번 돈으로

소비활동을 한다. 하지만 이제 그런 구분 자체가

모호해지는 세상이 오고 있다.

2부

그렇다면
어떻게 살 것인가

어떤 인생을 살고 싶은가

인생의 의미를 묻지 마라

무작정 열심히 달려간다고 해서 인생에서 추구하는 바를 성취할 수 있는 것은 아니다. 먼저 내가 진정으로 바라는 것이 무엇이며, 정말 살고 싶은 인생은 어떤 것인지 스스로 규정할 수 있어야 한다. 그런 다음에 열심히 살아갈 때 내가 인생에서 추구하는 것들을 이룰 수 있다. 이때 한 가지 주의할 점이 있다. 질문을 잘해야 한다는 것이다. 흔히 '내 인생의 의미는 무엇일까?' 또는 '내가 세상을 살아가는 의미가 무엇일까?' 같은 질문을 자주 던진다. 그런데 좀처럼 답을 찾을 수가 없다. 아무리 묻고 또 물어도 시원한 답이 나오지 않는다. 왜 그럴까? 질문을 잘못했기 때문이다.

인생의 의미란 것이 처음부터 존재하지 않기 때문에 그렇다. 인생의 의미가 따로 정해져 있는 것이 아닌데 자꾸 인생의 의미를 물으니 답을 찾을 수 없다. 애초에 질문 자체가 잘못되었기 때문에 제대로 된 답이 나올 리 만무하다. 그렇다면 어떻게 물어야 할까? 어떤 질문이 올바른 물음일까?

"나는 내 인생에 어떤 의미를 부여하고 살지?"

이게 올바른 질문이다. '인생의 의미'를 묻는 것과 '내 인생에 부여된 의미'를 묻는 것은 완전히 다른 질문이다. 인생의 의미를 물으면 답을 찾기 어렵지만, 내 인생에 의미를 부여하면 얼마든지 답을 찾을 수 있다. 다시 말하건대 삶의 의미는 따로 정해져 있는 것이 아니다. 누군가 다른 사람이 내 삶에 의미를 지정해주는 것도 아니다. 내가 스스로 의미를 부여하면 된다.

하지만 현실에서는 그것이 쉽지 않다. 머리로는 받아들일지 모르지만 다른 사람들이 나를 어떻게 볼까 늘 신경을 쓰기 때문이다. 남들이 기대할 것으로 생각하는 내 이미지를 의식하다 보니 정작 내가 내 인생에 꼭 부여해야 할 의미를 부여하지 못하고 사는 것이다. 남의 기대에 부응해야 한다는 의식을 가지고 살게 되면 그때부턴 내가 내 삶을 사는 것이 아니라 나도 모르게 남이 원하는 삶을 살게 된다. 내 인생에 내가 주인공이 되지 못하는 삶이 어떻게 좋은 삶이 될 수 있겠는가. 내 인생의 의미는 철저하게 내가 중심이 되어야지 남이 될 수는 없다.

스물두 살의 꽃다운 나이에 불의의 교통사고를 당해 전신에 55퍼센트 3도 화상을 입었던 한 여성이 있다. 얼굴은 온통 망가질 대로 망가지고 피부가 전혀 기능을 하지 못할 만큼 심각한 상황이었다. 손가락 열 개 중 여덟 개를 절단하지 않으면 안 되었다. 얼굴만 30여 차례 피부이식수술을 받아야 했다. 그녀에게서 희망이라곤 어디에서도 찾아볼 수 없었다. 비관한 나머지 극단적인 선택을 할 법도 한데 그럼에도 그녀는 희망의 끈을 놓지 않았다. 사고를 겪은 후 그녀는 미국으로 건너가 재활치료학을 전공하고 사회복지학 박사학위를 취득했다. 그리고 마침내 국내 대학에서 사회복지학과 교수로 재직하고 있다.

끔찍했던 교통사고를 당하기 전까지만 해도 그녀는 자신의 삶이 어느 날 갑자기 그렇게 만신창이가 되어버릴지 꿈에도 생각하지 못했다. 하지만 사고 후 모든 것을 포기해버리고 싶은 상황에서도 그녀는 자신의 인생에 새로운 의미를 부여하고 누구보다 치열한 삶을 살고 있다.

"저는 덤으로 살고 있습니다. 사과 한 개를 샀는데 주인이 하나 더 얹어주는 게 덤입니다. 그 덤으로 얹어준 사과가 조금 뭉그러졌거나 깨져 있다 하더라도 고맙게 받는 게 덤입니다. 이것이 제 삶이 감사일 수밖에 없는 이유입니다."

그녀는 자신의 삶에 새로운 의미를 부여하는 순간 인생이 전혀 다른 의미로 다가옴을 통감했다. 자신이 살아가야 할 이유를 스스로 발견한 순간 인생이 새로운 희망으로 용솟음침을 온몸으로 깨달았다. '인생은 결코 동굴이 아니라 터널'이라는 그녀의 좌우명처럼 인생은 들어갈수록 더욱 깜깜해지는 동굴이 아니라 계속 걸어가다 보면 마침내 빛이 흘러나오는 터널임을 스스로 경험하고, 그것을 토대로 견딜 수 없는 고통에 힘들어하는 사람들에게 희망과 위안의 아이콘이 되고 있다.

인생에 특별한 의미 같은 것은 없다. 내가 내 인생에 나만의 의미를 부여하면 된다. 내 인생을 내가 부여한 의미로 채워가면 그만이다. 내가 내 인생에 의미를 부여할 때 비로소 답을 찾을 수 있다. 그 답은 저마다 다르다. 각자가 부여하는 인생의 의미가 각각 다르기 때문이다. 그러니 답이 존재하지 않는 문제를 푸느라 골머리 앓을 필요 없다. 그러기에는 인생에서 주어진 시간이 너무 아깝다. 어쩌면 인생은 진짜 잠깐인지 모른다. 쓸데없는 문제 푸느라 시간을 허비하기엔 인생이 너무 짧다.

지금 이대로도 괜찮을까

지금 이대로도 괜찮은가? 지금의 내 모습에 충분히 만족하는가? 문제없는 삶이 어디 있으랴마는 개선하거나 바꿨으면 좋겠다고 생각하는 삶의 단면은 없는가? '지금처럼 살면 안 된다'고 너무 옥박지르듯이 다그치는 것도 문제지만, '지금 이대로 적당히 살아도 괜찮다'고 영혼 없는 위로의 메시지만 보내는 것도 역시 문제가 있지 않을까?

살면서 우리가 행복한 감정을 느끼는 순간들은 언제일까? 내가 누군가에게 도움을 주었을 때, 누군가에게 내가 필요한 사람이 되었을 때, 꼭 이루고자 했던 성과를 거두었을 때, 내가 하고 싶은 일을 기쁘게 하고 있을 때, 우리는 행복하다고 느끼지 않을까? 사람으로 태어나 내가 추구하는 가치를 실현하고 세상에 기여하고 공헌하면서 필요한 사람으로 살아갈 때 사는 보람을 느끼지 않을까?

50대가 지나고 60대가 되어서 가장 부러워하는 것 중 하나가 나이다. 20대, 아니 30대만 되었더라도 하고 싶은 것이 너무 많은데 이젠 나이가 들어 그렇게 할 수 없음을 한탄하곤 한다. 그런데 만일 20대나 30대의 젊음으로 다시 돌아간다면 부러워하거나 후회하지 않고 살 자신이 있을까? 그래서 하지 못했던 것들을 다 하고 산다면 정말 후회하지 않게 될까?

그것은 아니라고 생각한다. 그때로 돌아가면 또 다른 어떤 이유들로 인해서 역시 후회할 일들이 생길 것이다. 그러니 지나간 젊음을 너무 부러워할 필요가 없다. 자책하거나 후회할 필요도 없다. 지나간 것은 지나간 대로 어떤 의미가 있을 뿐이다. 그럼에도 나이가 들수록 왜 젊음을 부러워하는 것일까? 젊다는 것은 무엇이든 바꿀 수 있는 기회가 그만큼 많고 무언가 새로운 것에 도전할 수 있는 시간이 충분히 많다는 것을 의미하기 때문이다. 문제는 인생의 시곗바늘을 거꾸로 돌릴 수 없다는 것이다.

젊음이 부럽다고 해서 돌아갈 수 없는 것이라면 어떻게 해야 할까? 젊음이 부럽지 않으려면 지금 이 순간에 추구하고 있는 것을 열심히 하는 것밖에는 다른 방법이 없다. 그래야 1년 후가 되었든 2년 후가 되었든 지금처럼 젊음을 부러워하지 않을 가능성이 크다. 오늘을 열심히 사는 사람은 나이와 상관없이 지나간 젊음을 그다지 부러워하지 않는 경향이 있다. 지금의 삶에서 젊었을 때는 몰랐던 인생의 묘미를 만끽하기 때문이다. 지금의 삶에 충실하지 못한 사람이 옛 추억을 떠올리며 한숨짓는 경우가 더 많다.

그렇다고 해서 지금을 열심히 살라는 말이 1년에 여행 한 번 가지 않고 일만 하면서 살라는 의미는 절대 아니다. 열심히 살았으면 당연히 그에 상응하는 보상도 받아야 한다. 나를 위해 멋진 옷을 사주든지, 맛있는 것을 먹든지, 멋진 선물을 해주든지, 여행을 다녀오든지,

열심히 살아온 나에게 어떤 형태로든 보상을 해주는 것은 매우 중요하다. 그걸 빠트려서는 안 된다. 내가 한 노력을 인정해주고 칭찬해주어야 할 사람은 다른 누구도 아닌 나 자신이다. 진짜 상은 내가 나한테 주는 상이다. 나 스스로 부끄럽지 않게 살고 있다는 뿌듯함과 뭔가 열심히 하고 있다는 벅찬 기쁨이야말로 무엇과도 바꿀 수 없는 최고의 보상이다.

그러므로 지금 내 나이가 몇 살이든 열심히 살아야 한다. 그래야 내 자존감도 올라가고 행복감도 느낄 수 있다. '지금 이대로도 괜찮다'고 아무리 스스로를 위로하고 남들이 나를 격려해주어도 내 마음이 찜찜하고 뭔가 충만하지 않으면 그런 말이 전혀 가슴에 와닿지 않는 법이다. 훌륭한 화가일수록 마음에 충분히 들 때까지 자신이 그린 그림을 고치고 또 고치는 작업을 게을리하지 않는다.

내 역량이 100인데 50만큼만 살다가 인생을 마감한다면 얼마나 슬픈 일인가. 지난날을 돌이켜보면서 후회의 감정에 사로잡히게 되는 이유는 대부분 열심히 살지 않았기 때문이다. 능력이 모자라 할 수 없었던 것에 대한 후회가 아니라 충분히 할 수 있는 능력이 있었음에도 하지 못했던 것들에 대한 후회다. 사실 젊음이 부러운 것도 왜 저때 더 열심히 살지 못했을까 하는 안타까움의 발로다.

나이가 먹고 싶어서 먹는 사람은 아무도 없다. 나이를 먹는 것은 내 잘못이 아니다. 하지만 어떤 시기에 해야 할 일을 못하고 시간이 지나가버리는 것은 내 잘못이다. 젊음이 부럽지 않으려면 지금을 열심히 살아야 한다. 내 나이가 지금 몇 살이냐는 중요하지 않다. 나이와 무관하게 지금 내가 살 수 있는 가장 멋진 모습으로 살아가는 것이 중요하다. 지금부터 내가 될 수 있는 가장 멋진 모습의 나로 살아보자. 그것만이 시간이 지나서도 지나간 시절을 부러워하지 않고 행복하게 살아갈 수 있는 삶의 비결이다.

인생에서 꼭 챙겨야 할 것들

젊음을 더이상 부러워하지 않고 지나간 날들을 후회하지 않으려면 어떻게 살아야 할까? 내가 살고 싶은 인생을 살아가기 위해서는 내 인생에 어떤 의미를 부여하면서 살아가야 할까? 사람마다 다르겠지만 필자는 세 가지를 꼭 챙기고 싶다. 건강과 시간 그리고 돈이 그것이다.

첫 번째는 건강이다. 살면서 건강보다 더 중요한 것이 또 있을까? 예로부터 "재물을 잃으면 조금, 명예를 잃으면 많이, 건강을 잃으면 전부를 잃는다"는 말이 있다. 아무리 돈을 많이 벌었다 한들, 대단한 권세와 명예를 누린다 한들, 건강을 잃어버리면 모든 것이 소용 없다. 건강은 돈으로 살 수 없다. 지위나 명예와도 바꿀 수 없다. 신체적·정신적 건강이야말로 인생에서 챙겨야 할 가장 우선적이고 소중한 가치임에 틀림없다.

두 번째는 시간이다. 시간이란 자원은 결코 무한하지 않다. 우리는 누구나 시한부 인생을 살고 있다. 생이 끝나는 날이 언제일지 모르고 살아갈 뿐 죽음을 향해 한 걸음 한 걸음 더 다가서고 있는 것만큼은 누구도 부인하지 못한다. 하지만 우리는 마치 시간이 공짜라도 되는 것처럼 함부로 써버린다. 나이가 젊을수록 더욱 그렇다. 누구나 다 아는 이야기지만 '시간은 돈이다.' 진정한 돈의 가치는 아끼는 것이 아니라 아낌없이 쓰는 것이다. 시간도 역시 마찬가지다. 시간은 아낀다고 해서 남아있는 것이 아니다. 시간은 쓰고 싶은 곳에 아낌없이 쓰라고 존재하는 것이다. 시간을 잘 쓰는 사람이 인생의 진짜 부자다.

마지막 세 번째는 돈이다. 하루 중에서 무슨 생각을 가장 많이 하느냐고 물으면 적지 않은 사람들이 '돈'이라고 대답할 것이다. 아닌게 아니라 움직일 때마다 들어가는 것이 돈이다. 밥을 먹을 때, 사람을 만날 때, 운전을 할 때, 전화를 걸 때, 돈이 들어가지 않을 때가 거의 없다. 어찌 보면 돈은 우리 삶의 에너지를 몽땅 빨아들이는 거대한 블랙홀인지 모른다. 돈은 사람을 살리기도 하지만 소중한 목숨을 앗아가기도 한다. 프랜시스 베이컨이 말한 것처럼 "돈은 최상의 하인이면서 동시에 최악의 주인이다." 우리는 돈의 주인일 수도 있고 돈의 노예가 될 수도 있다. 돈은 참으로 좋은 것이다. 그러나 돈이 정말로 좋은 것이 되려면 우리가 먼저 돈의 주인이 되어야 한다. 그때 비로소 돈은 충실한 하인이 되어 좋은 일을 할 것이기 때문이다.

인생을 살아가면서 챙겨야 할 것이 어디 이것 세 가지뿐이겠는가. 더 찾기로 하자면 최소한 수십 가지는 족히 될 것이다. 그럼에도 건강과 시간과 돈은 살아가는 데 없어서는 안 될 너무도 소중한 것들임에 틀림없다. 만일 이들 중에 어느 한 가지만 빠져도 삶은 균형을 잃고 비틀거릴 것이다. 건강한 몸과 마음으로 경제적 풍요를 누리면서 내게 주어진 시간을 진정 하고 싶은 일에 쓸 수 있는 삶이야말로 우리가 추구하는 가장 이상적인 모습이 아닐까?

인생의 자유를 찾아서

세상에 태어난 이상 누구나 잘 살고 싶어 할 것이다. 죽을 때까지 존재감 한 번 제대로 드러내지 못하고 늘 어두운 그늘 속에서만 살다가 어느 날 허무하게 스러져버리는 삶을 살고 싶은 사람은 아무도 없다. 그렇다면 잘 산다는 것은 뭘까? 어떻게 살아야 인생을 잘 산다고 할 수 있을까? 무척 어려운 질문이다. 사람마다 추구하는 삶의 가치가 다를 텐데 무어라 한마디로 단언하기 어렵다. 하지만 누구도 부인하기 어려운 한 가지 시나리오는 있다. 어디에도 누구에게도 구속됨이 없이 왕성한 에너지를 가지고 내가 하고 싶은 일이나 활동을 자유롭게 즐길 수 있다면 그보다 더 좋은 삶이 또 있을까?

어떻게 하면 그것이 가능할까? 적어도 다음 세 가지 자유를 충족하는 삶이 바로 그런 삶에 가깝지 않을까? 첫째, 경제적 자유다. 내가 원하는 인생을 가로막는 최대의 장벽은 역시 경제적 구속이다. 경제 문제는 삶에서 해결해야 할 첫 번째 난제임에 틀림없다. 경제적 속박에서 벗어나지 않으면 너무 많은 문제들이 삶을 옥죈다. 사사건건 훼방을 놓고 태클을 걸고 넘어져 한 발짝도 나아가지 못하게 한다. 경제적 자유를 달성하는 것이야말로 인생의 자유 중에서 가장 먼저 해결해야 할 숙명적 과제다.

둘째, 시간적 자유다. 경제적 자유를 확보했다고 해서 모든 문제가 해결되는 것은 아니다. 시간적 자유를 누리지 못하면 절름발이 인생이 될 수밖에 없다. 여기서 시간적 자유라 함은 아무것도 하지 않고 무위도식한다는 의미가 아니다. 시간적으로 어디에도 얽매이지 않고 내가 시간을 쓰고 싶을 때 언제든 마음대로 시간을 할애할 수 있는 자유를 말한다. 돈과 시간을 맞바꾸는 것이 아니라 돈과는 무관하게 얼마든지 마음대로 시간을 쓸 수 있는 자유를 의미한다.

셋째, 신체적·정신적 자유다. 아무리 경제적·시간적 자유를 누릴 수 있다고 해도 건강하지 않으면 아무 소용이 없다. 건강하다는 것은 신체적인 건강만을 말하는 것이 아니다. 건강한 정신 또한 못지않게 중요하다. 돈과 시간을 충분히 가지고 있더라도 신체가 병들고 정신이 피폐해지면 인생이 결코 자유로울 수 없다. 건강한 몸과 마음은 돈이나 시간과도 바꿀 수 없는 최고의 자산이다. 건강이 무너져버린다면 억만금을 가지고 있다고 한들 무슨 소용이 있을 것이며 아무리 시간이 많이 난다고 한들 무슨 의미가 있겠는가.

경제적 자유와 시간적 자유 그리고 신체적·정신적 자유는 삶의 질을 결정하는 핵심 중 핵심임이 분명하다. 하지만 신체적·정신적 자유를 언급하는 것은 이 책의 한계를 넘어서는 주제다. 그러므로 이 책에서는 인생을 잘 살기 위해 추구해야 할 가치들 중에서 주로 경제적 자유와 시간적 자유를 중심으로 이야기를 펼쳐나가기로 하겠다.

삶의 의미는 따로 정해져 있는 것이 아니라고 믿는다.

누군가 다른 사람이 내 삶에 의미를 지정해주는 것도 아니다.

내가 스스로 의미를 부여하면 된다.

◇ 2

인생에서 돈이란 무엇인가

돈이 인생의 전부다?

먼저 돈과 관련해서 몇 가지 확인해볼 것들이 있다.

첫째, '돈이 인생의 전부'라고 생각하는가? 만일 돈이 인생의 전부라면 어떤 일이 벌어질까? 그때는 세상 모든 것이 다 돈으로 보이고 돈보다 더 커 보이는 것은 아무것도 없을 것이다. 그런데 사실 돈이 커 보인다는 것은 지금 돈이 없다는 의미다. 돈이 없으니 삶에서 돈보다 큰 것은 존재하지 않는다. 따라서 돈이 커 보이면 안 된다. 오히려 돈이 자잘해 보여야 한다. 돈이 지나치게 커 보이면 죽을 때까지 돈만 쳐다보고 살다가 그조차도 갖지 못하고 생을 마치기 십상이다. 그보다 불행한 일이 또 어디 있겠는가. 그래서 돈이 인생의 전부는 아니라고 본다.

그런 이유에서 우선 돈에 대해 분명히 해둘 것이 있다. 살아가다 보면 전혀 예기치 않은 일들이 수시로 들이닥치는 것이 인생이다. 특히 경제적인 문제 때문에 감당할 수 없는 어려움에 처하는 경우에는 당장 먹고사는 일이 인생에서 가장 큰 난제가 되어버린다. 평상시에는 돈에 대해 별로 신경을 쓰지 않고 살지 모르지만 어느 날 경제적으로 매우 궁핍한 상황에 처하게 되면 그땐 돈이 필요 이상으로 큰 문제가 되고 만다.

매스컴을 통해 우리는 하루도 빠짐없이 크고 작은 사건과 사고를 접하게 된다. 그 중 상당수가 돈과 관련된 경우다. 돈 몇 푼 때문에 강도짓을 하고 심지어 사람을 죽이기도 한다. 돈 때문에 가족 전체가 동반자살을 하기도 한다. 그까짓 돈이 뭐라고 그러는지 모르겠다고 말하기 쉬우나, 극도의 경제적 궁핍에 내몰린 사람은 돈 외에는 아무것도 눈에 들어오지 않는다. 돈을 위해서라면 수단과 방법을 가리지 않는다. 그들 눈에는 사람의 목숨보다도 몇 푼의 돈이 더 중요한 것이다.

그러므로 미래의 어느 시점에 돈이 너무 크게 보이지 않게 하려면 평소에 돈의 구속으로부터 자유로울 수 있도록 필요한 조치를 취해두어야 한다. 삶이 돈에게 질질 끌려다니지 않게 살려면 먼저 돈 문제를 해결해두어야 하는 것이다. 다시 말하지만 돈이 결코 인생의 전부가 될 수는 없다. 그러나 돈 문제를 해결하지 못하면 죽을 때까지 돈 문제를 해결하느라 아까운 인생 다 탕진하고 만다. 그리하여 결과적으로 '돈이 인생의 전부'가 되어버린다.

돈이 없어도 자유롭게 살 수 있다?

둘째, '돈이 없어도 얼마든지 자유롭게 살 수 있다'고 생각하는가? 물론 돈이 없어도 자유로운 사람들이 있다. 대표적으로 백수[7]가 그런 사람들이다. 그들은 수중에 돈이 없어도 굉장히 자유롭게 사는 것처럼 보인다. 하지만 그것이 진짜 자유일까? 자유라기보다는 방종에 가깝다고 해야 하지 않을까? 왜냐하면 그들이 누리는 자유는 대단히 불안한 자유이기 때문이다. 결코 오래갈 수 없는 일시적 자유에 불과하기 때문이다. 우리가 추구하는 자유는 결코 그런 자유가 아니다. 살면서 자유를 추구한다는 것은 충분한 돈이 있어서 일상의 삶에서 겪게 되는 크고 작은 많은 제약과 구속으로부터 자유롭게 산다는 것이다. 그래서 돈은 인생의 전부는 아니지만 매우 소중한 것임에 틀림없다.

그렇다고 해서 돈이 인생의 모든 것을 해결해주지는 않는다. 삶에는 돈으로 풀 수 없는 것들이 많다. 좋은 인간관계를 유지하고 사람들로부터 신뢰를 얻는 것은 돈만 가지고 할 수 있는 것이 아니다. 비록 경제적으로는 풍족하지 못하더라도 불우한 이웃이나 사회를 위해 기여하고 공헌하는 사람들은 얼마든지 있다. 오히려 돈 좀 가지고 있다고 허세를 부리거나 인간적이지 못한 행동을 일삼는 천박한 사람들도 있다. 그들은 돈으로부터 누릴 수 있는 자유를 남용한 졸렬하기 짝이 없는 사람들이다.

하지만 돈이 있으면 인생의 많은 것들을 추구할 수 있는 것도 사실이다. 돈은 인생에서 필연적으로 부딪히게 되는 여러 가지 크고 작은 어려움들을 풀어주는 열쇠의 구실을 하기 때문이다. 돈이 있으면 만나고 싶은 사람들과 얼마든지 자유롭게 교류할 수 있다. 돈이 있으면 가고 싶은 곳을 얼마든지 자유로이 여행할 수 있다. 돈이 있으면 평소에 좋아하거나 하고 싶은 일을 언제든 자유롭게 할 수 있다. 취미생활도 얼마든지 자유로이 즐길 수 있다. 돈이 있으면 진정으로 자유롭게 살 수 있는 것이다.

경제적 자유만 누리면 끝이다?

셋째, 인생에서 경제적 자유만 충족하면 더 이상은 필요 없는가?

그렇지 않다. 인생에서 '진정한 자유는 경제적 자유와 함께 시간적 자유를 누리는 것'이다. 진정한 자유인이란 돈과 시간의 자유가 다 허락되어 하고 싶은 일을 마음이 내킬 때 언제든 실행에 옮길 수 있고, 그 상황이 죽을 때까지 지속될 수 있는 사람이다. 일을 하는 이유가 돈을 벌기 위해서가 아니다. 돈이 돈을 벌어주기 때문에 하고 싶거나 좋아하는 활동을 하는 데 마음껏 시간을 쓰면서 즐겁고 행복하게 살아가는 사람이 진정한 자유인이다. 그러므로 경제적 자유와 시간적 자유를 함께 누리는 것이야말로 누구나 꿈꾸는 가장 이상적인 인생일 것이다. 하지만 유감스럽게도 이 두 가지 자유를 모두 누리는 사람들은 그리 많지 않다.

경제적 자유와 시간적 자유를 중심으로 이야기할 때 세상에는 네 가지 부류의 사람들이 있다. 경제적 자유와 시간적 자유를 다 누리지 못하고 사는 사람들이 있는가 하면, 경제적 자유는 누리지만 시간적 자유를 누리지 못하는 사람들도 있다. 그런가 하면 경제적 자유는 누리지 못하지만 시간적 자유는 마음껏 누리는 사람들이 있고, 경제적 자유와 시간적 자유를 함께 누리는 사람들도 있다.

여기에 대해서 좀 더 구체적으로 살펴보자. 그림을 보면 세상에는 A, B, C, D 네 가지 범주의 사람들이 존재한다. 먼저 나는 이 중에서 어디에 속한다고 생각하는지 확인해보자. 그림에서 가로축은 시간적 자유를 가리킨다. 오른쪽으로 갈수록 시간적 자유가 많고 왼쪽으

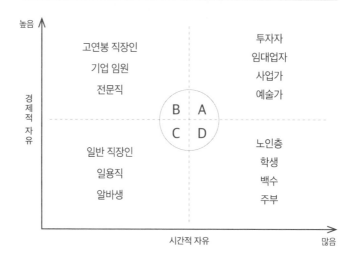

경제적 자유 + 시간적 자유의 4가지 유형

고연봉 직장인
기업 임원
전문직

투자자
임대업자
사업가
예술가

B | A
C | D

일반 직장인
일용직
알바생

노인층
학생
백수
주부

시간적 자유　　　　　많음

로 갈수록 시간적 자유가 적다. 한편 세로축은 경제적 자유를 의미한다. 위로 올라갈수록 경제적 자유가 많고 아래쪽으로 갈수록 경제적 자유가 없다.

　가장 힘들게 사는 사람들은 경제적 자유뿐만 아니라 시간적 자유까지 없는 C그룹이다. 경제적 자유와 시간적 자유가 없는 평범한 직장인, 일용직, 아르바이트생은 끊임없이 자신의 시간과 돈을 맞바꿔야 한다. 시간을 내어주고 돈을 얻지만 늘 돈에 쪼들린다. 그러니 결국 시간도 없고 돈도 없는 삶이 반복된다. 어제도 그랬고, 오늘도 그러하며, 내일도 그럴 것이다. 누구도 이렇게 살고 싶어 하지 않지만 현실에서는 많은 사람들이 이렇게 살아가고 있다.

두 번째로 D그룹을 보자. 노인들이나, 학생, 전업주부, 백수는 시간은 많은 반면 돈이 부족한 사람들이다. 은퇴 후 마땅한 돈벌이가 없어 시간을 어떻게 보내야 할지 고민하는 노년층 인구가 갈수록 늘어나고 있다. 대부분의 대학생들 역시 비교적 자유로운 시간을 많이 확보할 수 있는 반면 경제적으로는 늘 쪼들린다. 전업주부들은 가사노동을 하느라 바쁜 일상을 보내면서도 그런대로 시간적인 자유를 누릴 수 있는 반면 경제적 여유가 없어서 늘 살림살이가 팍팍하다. 백수건달이야말로 먹고 노는 데 쓸 시간은 얼마든지 있다. 다만 돈이 넉넉하지 않다 보니 제대로 먹지도 못하고 놀지도 못하면서 어영부영 시간을 축내곤 한다.

세 번째 B그룹은 경제적 자유는 누리지만 시간적 자유가 없는 사람들이다. 이들은 늘 바쁘게 산다. 고액의 연봉을 받는 직장인도 있고, 대기업 임직원이나 고소득을 올리는 전문직 종사자도 있다. 이들은 경제적 자유는 어느 정도 누리고 살지만 진정 원하는 것은 시간적 자유를 얻는 것이다. 이들 중에는 심한 스트레스나 격무 때문에 과로사의 위험에 노출된 이들도 제법 있다.

마지막으로 A그룹에 대해 알아보자. 이 그룹이야말로 경제적 자유와 함께 시간적 자유를 동시에 누리는 사람들이다. 대표적으로 땅이나 빌딩 또는 건물을 소유해서 임대사업을 하는 건물주들이 있다. 건물을 소유하고 있는 것이 얼마나 매력적이면 요즈음 청년들의 로망이 나중에 '건물주가 되는 것'이라고 하겠는가. 또한 방탄소년단처럼 잘나가는 가수나 연예인 또는 스타들은 경제적 자유를 누리면서 충분한 시간적 자유도 함께 누리는 부러움의 대상이 되는 사람들이다. 여기에 또 한 그룹이 있다면 투자자들을 들 수 있다. 막대한 자금을 가지고 이런저런 수익사업에 투자하는 사람들은 투자수입을 얻으면서도 상당한 정도의 시간적 자유를 함께 누린다.

A그룹에 속하는 또 한 부류가 있다. 바로 사업가이다. 사업가는 사업이라는 시스템을 구축하고 있다. 예를 들면 삼성이라는 한국 제1의 기업 시스템을 갖추고 있는 이재용 삼성전자 부회장이 전형적인 기업인이자 사업가다. 성공한 사업가들은 경제적 자유와 시간적 자유를 함께 누리는 사람들이다. 오늘날 실로 다양한 사업가와 기업가들이 있다. 이들은 각자 자신이 구축한 사업 시스템의 성과에 따라 경제적 자유와 시간적 자유를 누리는 정도가 다르다.

최경자와 정하일

경제적 자유와 시간적 자유를 함께 누리는 사람, 그런 사람이 있다면 과연 누구일까? 여기에 두 사람을 소개하겠다. 최경자 씨와 정하일 씨가 그 주인공이다. 경제적 자유와 시간적 자유를 누린다는 것은 '최경자'와 '정하일'이 되는 것이다. 최경자와 정하일처럼 사는 것이다. 그들처럼만 살 수 있다면 인생은 젖과 꿀이 흐르는 낙원이라고 해도 과언이 아니다. 그럼 지금부터 이들을 소개하겠다.

최경자는 '최소한의 경제적 자유'를 누리는 사람이다. 정하일은 '정말 하고 싶은 일'을 하면서 사는 사람이다. 최소한의 경제적인 자유를 누릴 뿐만 아니라 자신이 정말 하고 싶은 일을 하면서 사는 것보다 보람되고 행복한 인생이 또 있을까? 이 두 사람이 만나서 알콩달콩 살아가는 것이 꿈같은 인생 아닐까? 어떻게 해야 이들처럼 살수 있을까?

인생을 살아가면서 내가 꿈꾸는 삶은 크게 보아 두 가지다. 하나는 경제적 구속에서 벗어나는 일이고 다른 하나는 시간의 구속에서 벗어나 내가 하고 싶은 활동에 시간을 자유로이 쓰는 것이다. 이때 최경자(최소한의 경제적 자유)를 만족시키지 못하면 삶이 사사건건 내 발목을 잡고 늘어진다. 따라서 이제까지의 씀씀이를 고려해서 앞으로 남은 삶에서 어느 정도의 경제력을 갖추어야 경제적 문제로부터 자유로울 수 있을지 점검해볼 필요가 있다. 한 달 또는 1년에 얼마 정도면 생활하는 데 불편함이 없을지 꼼꼼히 따져보고 그것을 기대수명에 대입해서 산출해보아야 한다. 만일 최경자를 만족시키지 못하면 내 삶이 질질 끌려다닐 수밖에 없다. 어쩌면 먹고사는 문제가 평생 졸졸 따라다닐 것이다. 최경자를 어떻게 할 것인가?

다음으로 정하일(정말 하고 싶은 일)을 언제 만날 것인가? 사실 젊은 시절에 정하일을 만나기란 결코 쉽지 않다. 만나고 싶어도 좀처럼 기회를 잡기 어렵다. 하지만 인생의 후반부가 되어서도 정하일을 못 만난다면 슬픈 일이다. 정하일이야말로 내가 인생의 후반부를 활기차게 살아갈 멋진 삶의 동반자이기 때문이다.

돈 걱정에서 벗어나 정말 신나게 즐길 수 있는 나만의 일을 할 수 있다는 것은 삶의 큰 축복이 아닐 수 없다. 필자의 경우 은퇴 후 만나고 싶은 정하일은 좋아하는 책을 늘 가까이하면서 가보고 싶은 곳에 마음이 이끌리면 언제든 여행을 즐기며 짬이 나는 대로 생각을 정리하고 글로 옮기는 일을 하는 것이다. 마음이 맞는 좋은 사람들과 나이와 신분을 떠나 만나고 어울리며 사는 것이다. 내 이야기를 듣고 싶어 하는 사람이 있다면 어디든 찾아가 강의 보따리를 풀어놓는 일이다. 악기도 한두 가지는 다루고 싶다. 느지막한 나이에 우쿨렐레 연주회를 갖고 싶다. 사물놀이 공연에 심취하는 것을 보면 나도 공연 한번 하고 싶다는 욕망이 강렬하다.

이렇게 이야기를 늘어놓다 보니 어느새 가슴이 뛰고 있음을 느낀다. 무척 하고 싶은 모양이다. 그래서 그런 걸까? 은퇴 후가 기다려진다. 최경자와 정하일을 동시에 만족시킬 수 있는 삶은 없을까? 누구나 바라는 꿈같은 인생은 이룰 수 없는 걸까? 그것이 궁금해서라도 나는 오늘 하루도 설레는 마음으로 준비하며 살아가려고 한다.

경제적 자유와 시간적 자유를 함께 누리는 것이야말로

누구나 꿈꾸는 가장 이상적인 인생일 것이다.

하지만 유감스럽게도 이 두 가지 자유를

모두 누리는 사람들은 그리 많지 않다.

부자는 돈 버는 방식부터
다르다

누가 부자인가

그럼 지금부터 최경자와 정하일로 살기 위한 구체적인 방안에 대해 모색해보기로 하자. 먼저 경제적 자유에 대해서 알아보자. 경제적 자유라는 것은 돈으로부터의 자유를 의미한다. 더 이상 돈의 구속을 받지 않는 것이다. 이런 사람은 부자다. 그런데 우리는 부자에 대해 잘못 알고 있다. 부자에 관한 정의를 잘 모르기 때문이다. 부자란 재산이 10억 원이냐 100억 원이냐와 같이 돈의 액수를 가지고 따지는 것이 아니다. 어떤 사람은 10억 원만 있어도 부자일 수 있다. 그런데 어떤 사람은 100억 원을 가지고 있어도 부자가 아닐 수 있다. 각자 돈의 씀씀이가 다르기 때문이다. 부자의 기준은 10억 원이나 100억 원처럼 돈의 액수나 양적인 개념으로 접근하는 것이 아니다. 그럼 어떻게 해야 한단 말일까?

부자의 기준은 양이 아니라 질로 따져야 한다. 즉, 부자란 벅민스터 풀러가 말한 것처럼 '오늘 당장 돈이 되는 일을 그만두었을 때 얼마나 오래 살 수 있느냐'를 기준으로 따진다. 지금 당장 돈 버는 일을 하지 않아도 죽을 때까지 돈 걱정 하지 않고 산다면 그 사람은 진정한 부자다. 하지만 당장 내일의 끼니를 걱정해야 하는 사람이라면 결코 부자라고 할 수 없다. 그때그때 끼니를 해결해야 하기 때문에 돈 버는 일을 계속하지 않을 수 없다.

1년은 간신히 버텼는데 그다음 해부터 일을 하지 않으면 굶는다고 해보자. 이런 사람을 부자라고 할 수 있을까? 없을 것이다. 그런데 내가 돈을 벌기 위해 직접 일을 하지 않아도 30년, 50년, 아니 100년 동안 돈 걱정 없이 살 수 있다면 정말 부자라고 할 수 있다. 부자는 돈이 얼마나 있느냐가 아니라 당장 돈이 되는 일을 그만두어도 얼마나 오래 생존할 수 있느냐가 관건이기 때문이다. 그러므로 부자가 되려면 먼저 부자에 대한 정의부터 명확하게 정립하고 출발하는 것이 좋다.

다시 말하지만 진정한 부자는 일과는 무관하게 언제나 돈이 흘러 나오도록 돈이 나오는 체계를 구축해놓은 사람이다. 마치 수도 파이프를 집에까지 연결해놓아 필요할 때 수도꼭지만 틀면 언제든지 원하는 만큼의 물을 얻을 수 있는 것과 마찬가지 원리다. 돈이 나오는 파이프라인을 구축해놓아 언제든 필요할 때 '돈 꼭지'만 틀면 돈이 콸콸 흘러나오도록 시스템을 구축해놓은 사람이 진짜 부자라고 할 수 있다.

나는 어떻게 돈을 버는가

그렇다면 나는 어떻게 돈을 벌고 있는지 생각해보자. 나는 어떤 소득에 의존하고 있을까? 부자들이 돈을 버는 방식은 그렇지 않은 사람들과 어떻게 다를까? 결론부터 말하자면 부자들은 돈을 버는 통로가 따로 있다. 반드시 그 통로로 들어가 돈을 번다. 이에 반해 부자가 아닌 사람들은 다른 통로를 통해서 돈을 번다. 그런데 그 통로는 부자가 될 수 없는 길이다. 그들은 통로를 잘못 들어갔기에 절대 부자가 될 수 없다.

세상에 존재하는 소득에는 어떤 것들이 있을까? 크게 분류할 때 세 가지가 있다. 노동소득과 자본소득 그리고 이전소득이다. 여기서 연금이나 기초생활비와 같은 이전소득은 특수한 경우이므로 논외로 하자. 그랬을 경우 일반적으로 소득을 얻는 방법은 크게 두 가지로 나눌 수 있다. 첫 번째로 누구나 잘 알고 있는 노동소득[8]이 있다. 노동소득은 노동력을 제공한 대가로 나오는 것이다. 따라서 반드시 노동력을 제공해야 소득이 발생한다. 그날 그날 하루 일당을 받는 노동자라면 하루를 쉴 경우 돈이 안 나온다. 직장생활을 하는 직장인이 한 달 동안 무단결근을 한다면 그의 일자리가 없어져버릴 수 있다. 이것이 노동소득이다.

노동소득은 일정 기간 동안 노동을 제공한 대가로 받는 소득이기 때문에 반드시 일을 해야만 얻을 수 있다. 따라서 열심히 성실하게 일을 하면 그에 상응한 보수가 나온다. '직장'은 20세기가 만들어낸 신화적인 발명품이다. 20세기 초반 헨리 포드가 최초의 현대식 직장이라는 개념을 도입한 이래 100년 넘게 존속하고 있는 가장 보편적인 돈벌이 방식이다. 아직까지도 직장의 위력은 대단하다. 소위 '좋은 직장'에 들어가기 위해서 지금 이 시간에도 피나는 노력을 쏟아붓고 있는 사람들이 얼마나 많은가.

하지만 점점 분명해지고 있는 사실 하나가 있다. 직장은 평생 있을 곳이 아니라는 것이다. 언젠가는 나와야 하는 자리이기 때문이다. 직장은 시한부 일자리다. 다만 그날이 언제일지 모를 뿐이다. 직장생활을 하는 사람은 언젠가 퇴직할 날을 준비해야 한다. 그런데 많은 이들이 언젠가 직장을 그만두는 것이 명약관화한데도 준비를 하지 않고 지낸다. 그러다 정작 퇴직할 때가 다 되어서야 무언가 준비하려고 서두른다. 자고로 하루를 살려면 하루를 준비하고 평생을 살려면 평생을 준비하라고 했다. 직장은 은퇴를 하면 끝나지만 삶은 은퇴를 할 때까지 계속된다.

노동소득에 의존해야 하는 직장인들의 경우, 직장을 은퇴한 후의 삶은 직장을 은퇴하기 전에 준비해야 한다. 그렇지 않으면 퇴직 후 허둥댈 수밖에 없다. 일을 하지 않으니 돈도 끊기는 황당한 상황에 어떻게 대처할 것인지 심도 있게 생각하고 대안을 마련해야 한다. 인생에서 가장 중요한 시기인 노후가 돈 문제 때문에 점점 나락으로 치닫는다면 그보다 불행한 삶이 어디 있겠는가. 별도의 직원을 두지 않고 혼자 또는 가족 단위로 가게를 꾸려나가는 영세 자영업자의 경우도 마찬가지다. 직접 셔터 문을 올리고 내려야 하는 경우 셔터 문이 내려져 있으면 돈도 끊긴다.

하지만 세상에는 노동소득만 있는 것이 아니다. '자본소득'이 있다. 사업소득이나 재산소득이 여기에 해당한다. 사업소득은 기업이나 사업체를 운영하는 데서 얻어지는 소득이다. 영세 자영업자가 아닌 이상 사업소득의 특징은 본인이 직접 일을 하지 않아도 그 일을 대신 해주는 직원들이 있기 때문에 그로부터 소득이 발생한다는 것이다. 따라서 사업소득은 자신이 직접 일을 해야만 얻어지는 노동소득과는 근본적으로 다르다.

재산소득 역시 마찬가지다. 땅을 가지고 있거나, 건물을 소유하고 있거나, 금융기관에 돈을 예치해두었거나, 주식을 보유하고 있거나, 저작권이나 지식재산권을 가지고 있으면 그로부터 소득이 발생한다. 이러한 소득의 공통점은 자본을 소유하고 있다는 점이다. 자본을 소유하고 있으면 내가 일을 하지 않아도 자본이 일을 하기 때문에 거기서 수입이 계속 나온다.

부자들은 어떻게 돈을 버는가

앞서 언급한 것처럼 세상에는 크게 볼 때 두 가지 종류의 소득이 있다. 일을 해야만 생기는 소득과 일을 하지 않아도 생기는 소득이다. 첫 번째 소득이 노동소득이고, 두 번째 소득이 자본소득이다. 그렇다면 묻겠다. 지금까지 나는 어떤 방식으로 소득을 얻은 것일까? 부자들은 어떻게 돈을 벌까? 부자들은 절대 노동소득에 의존하지 않는다. 철저하게 자본소득에 의존한다. 그러므로 지금 내가 노동소득으로 돈을 벌고 있다면 부자가 되기는 어렵다. 노동소득은 부자가 버는 소득이 아니기 때문이다. 부자로 살고 싶다면, 최소한의 경제적 자유를 누리고 싶다면, 노동소득에만 의존해서는 곤란하다. 처음부터 부자로 들어가는 관문을 잘못 들어간 것이다.

많은 사람들이 노동소득에만 의존하면서 부자로 살기를 원한다.

그러나 그것은 어디까지나 희망사항에 불과하다. 트랙 자체가 다르기 때문이다. 부자가 되려는 꿈을 가지고 있다면, 오늘부터 당장 일을 그만두어도 죽을 때까지 돈 걱정 없이 살고 싶다면, 노동소득이 아니라 자본소득이 발생하는 관문으로 들어서야 한다. 노동소득은 일을 하지 않으면 돈도 끊기지만, 자본소득은 일과는 무관하게 소득이 생기기 때문이다. 부자들은 반드시 일을 하지 않아도 생기는 수입으로 부자가 되기 때문이다.

물론 부자의 문에 들어섰다고 해서 다 부자가 되는 것은 아니다. 그러나 부자가 되려면 일단 제일 먼저 부자들이 출입하는 관문으로 들어서야 한다. 부자를 꿈꾸면서 실제로는 소득을 버는 방법부터 잘못되었다면 그 점을 인정하고 궤도를 수정해야 한다. 눈앞에 있는 담장을 넘어가서 오르고자 하는 목표지점에 도달하기 위해서는 가장 먼저 해야 할 일이 있다. 사다리를 제대로 놓아야 한다. 사다리를 제대로 놓지 않으면 아무리 빨리 열심히 올라가도 엉뚱한 곳에 도달하고 만다. 그런 식으로 열심히 오르면 무슨 소용이 있는가. 내가 가고 싶은 곳이 아닌 다른 곳에 도착했는데.

노동소득은 대다수 사람들이 일반적으로 의존해왔던 소득이다. 이것이 지금까지 보편타당한 돈 버는 방식이었다. 하지만 세상에는 그것 말고도 돈을 버는 다른 방식이 존재한다. 누군가는 그런 세상을 보려고도 하지 않았을 것이고, 누군가는 그런 세상이 있는 줄은 알지만 나와는 상관없다고 생각했을 수도 있다. 하지만 적어도 경제적 자유를 꿈꾸고 있다면 그렇게 해서는 안 된다. 경제적 자유로 가는 길을 애써 외면하려고 하거나 알고는 있지만 행동하고 실천하려고 하지 않으면 말짱 도루묵이다. 부자를 꿈꾸는 것은, 미처 보지 못했거나 보았지만 가지 않았던 길을 직접 걸어가는 것이다. 부자가 되려면 아직 한 번도 얻어본 적이 없는 자본소득에 관심을 갖고 가능한 방법을 직접 찾아보는 것이다.

부의 복제수단이 있는가

부자가 되기 위해서는 반드시 부의 복제수단이 있어야 한다. 이것은 부자가 되기 위한 철칙이다. 부의 복제수단이 있느냐 없느냐가 부자를 결정하는 핵심적인 요소가 되는 것이다. 부자들은 예외 없이 부의 복제수단을 보유하고 있다. 다시 말해 '돈이 나오는 기계'를 소유하고 있다.

그렇다면 부의 복제수단이 없는 사람은 어떻게 할까? 스스로가 돈을 버는 기계의 일부가 되는 수밖에 없다. 이렇게 말하면 다소 심한 표현으로 여겨질지 모르겠지만 마치 기계의 부속품처럼 돈 버는 기계가 돌아가도록 하는 부품이 되어야 하는 것이다. 나 스스로가 기계의 부품이 되어서 시스템이 돌아가도록 한다. 그런 방식으로 돈을 번다.

하지만 부자들은 자신이 직접 움직이는 것이 아니라 돈 버는 기계가 돌아가도록 하는 시스템을 소유하고 있다. 돈 버는 기계가 돌아가는 것과 기계를 소유한 당사자는 무관하다. 꼭 현장에 있지 않아도 돈 버는 기계가 돌아가는 이상 거기에서 돈이 흘러나온다. 그것이 바로 복제수단이다. 땅이 복제를 하고, 건물이 복제를 하며, 주식이 복제를 하고, 예금이 복제를 한다. 책이 복제를 하고, 음원이 복제를 한다. 복제수단의 소유자는 복제가 잘 일어나도록 코디네이션만 잘하면 된다. 직접 일하는 것과는 무관하다.

이제 우리의 선택은 둘 중 하나다. 부를 복제하는 수단을 가진 소유주가 되느냐, 아니면 소유주에게 고용되어 일을 하면서 살아가느냐 하는 선택이다. 하나의 예를 들어보자. 대학가에 호프집을 운영하는 사장이 있다고 해보자. 그는 아르바이트 대학생 다섯 명을 고용해서 가게를 운영하고 있다. 아르바이트생들에게는 각각 한 달에 100만 원의 보수가 지급된다. 인건비 외에도 호프집을 운영하는 데는 여러 가지 비용이 발생할 것이다. 각종 재료비를 비롯하여 유지관리비도 만만치 않다. 여기에 들어가는 비용이 한 달에 1,000만 원이라고 해보자. 그리고 한 달 동안 영업한 결과 정산을 해보니 2,000만 원의 수입이 생겼다. 이때 이 호프집 사장의 수입은 얼마가 되는 것일까?

2,000만 원의 수입 중에서 인건비 500만 원과 다른 제반 비용 1,000만 원을 제하고 남는 500만 원이 호프집 사장의 수입이 될 것이다. 한 달 동안 열심히 일을 한 것은 아르바이트 대학생들이었다. 하지만 그들에게는 각자 100만 원씩의 수입이 돌아간다. 반면에 호프집을 소유한 사장은 일을 하기보다는 가게가 잘 돌아가도록 관리만 했는데도 500만 원의 수입이 발생했다. 그렇다면 일을 하지 않은 사장의 수입은 부당한 것인가? 아니다. 다만 돈을 버는 방식이 아르바이트생들과 달랐을 뿐이다. 사장에게는 호프집이라는 시스템이 있었지만 아르바이트생들은 시스템이 없는 차이가 있을 뿐이다.

그러므로 부자가 되려면 반드시 부의 복제수단을 가지고 있어야 한다. 이것이 부의 시스템이다. 부를 만들 수 있는 자본이라는 시스템으로부터 나오는, 부가 나오는 시스템을 소유한 권리로부터 나오는, 즉 시스템 소득이나 권리소득이 있고 없고가 부를 결정짓는 핵심이다. 만일 나는 도저히 그런 복제수단을 소유할 수 없다고 판단되거든 생각을 달리해야 한다. 경제적 자유의 관문을 통해서 행복으로 가려고 하지 말고 다른 경로를 통해서 행복한 삶으로 가도록 방향을 바꾸어야 하는 것이다. 그것 또한 충분히 멋진 인생의 한 코스이기 때문이다.

미래를 어떻게 맞이할 것인가

부의 복제수단과 관련하여 요즘 화두가 되고 있는 이야기 중 하나가 은퇴하고 나서 노후자금을 얼마 정도 가지고 있어야 안정적인 노후생활이 가능할까 하는 것이다. 이상적인 노후생활을 즐기려면 어느 정도의 생활자금이 필요할까? 한 자료에 따르면 노후에 기본적인 생활을 유지하면서 약간의 여가를 즐길 수 있으려면 못해도 매달 최소 200만 원 정도가 필요하다고 한다. 건강문제나 사고 등으로 병원을 자주 찾아야 하는 경우엔 이보다 더 많은 자금이 있어야 할 것이다. 매달 250만 원씩 들어간다고 가정할 경우 1년에 필요한 돈이 3,000만 원이다. 이 계산에 따르면 지금부터 20년을 더 산다고 하면 6억 원이 필요하고, 30년을 더 살 경우 9억 원의 생활자금이 있어야 한다. 실로 적지 않은 금액이다.

그뿐만이 아니다. 만약 자주 여행을 즐기거나 뜻하지 않게 큰 병이 들어 오랜 기간 병원비가 들어갈 경우엔 이야기가 또 달라진다. 월 400만 원 정도의 생활비를 가정할 경우 1년에 4,800만 원, 20년간 생활비로만 약 10억 원이 필요하다. 이것은 가상의 이야기가 아니라 머지않아 언젠가 누구나 맞이하게 될 외면할 수 없는 현실이다. 따라서 미리 준비해두지 않으면 빈곤한 노후를 보내는 것은 불을 보듯 빤하다. 그나마 월 300만 원 정도의 연금을 받는다면 노후문제는 그런대로 해결된다고 볼 수 있다. 그런데 여기에 해당하는 사람이 얼마나 되겠는가.

그렇다면 다른 방법은 없을까? 짐작컨대 미니 빌딩이나 상가주택 또는 원룸이라도 운영하는 것이 적지 않은 사람들의 소망인 듯하다. 따박따박 월세 받는 임대소득이 노후에 가장 매력적인 소득원으로 떠오르고 있다. 보통 상가의 경우 현재 시세로 수익률이 5퍼센트를 넘기기 쉽지 않다. 평균치를 5퍼센트로 잡았을 때 월 300만 원의 수익이 발생하려면 6억 원 이상의 부동산을 보유하고 있어야 한다. 조금 낮추어 잡는다 해도 5억 원짜리 부동산은 가지고 있어야 한다. 이 금액은 평범한 직장인으로 살아온 입장에서는 현실적으로 절대 적은 액수가 아니다.

그것도 몸이 건강하다는 전제조건이 붙었을 때의 이야기다. 만일 어디가 아프기라도 해서 거동이 불편해지는 날에는 이야기가 달라진다. 병간호를 비롯하여 나를 도와줄 사람이 필요한데 여기에 최소 매월 200만 원 이상의 지출이 필요하다. 게다가 은퇴할 무렵이 되면 대개 자식들이 결혼할 나이가 되고 이래저래 돈 들어갈 일이 순서를 기다리고 있다. 그렇다고 해서 국가에 기대려고 했다가는 큰일난다. 연간 수입이 500만 원만 되어도 국가 지원금이 없다. 그것 받겠다고 자식들에게 전 재산 다 물려주고 혼자 살다가 오히려 자식들 대접도 못 받고 혼자 쓸쓸히 사는 노인들이 의외로 많다.

우리는 언젠가 힘없고 나약해지는 때가 반드시 온다. 지금 당장은 아니라 할지라도 어차피 인간은 어쩔 수 없이 죽음을 향해 한 걸음 한 걸음 나아갈 수밖에 없는 숙명을 지니고 있다. 나는 노후 준비를 잘하고 있을까? 어떻게 해야 노후 준비를 잘할 수 있을까? 그래서 떠오르는 두 가지 관심사가 있다. 첫째, 경제적 자유에 관한 것이다. 아직 경제적 자유를 누리지 못하고 있는 상황이라면 미리 고민하고 준비해두는 것이 좋지 않을까? 나이가 들수록 경제문제를 해결하지 못하면 삶은 더욱 팍팍해질 테니까 말이다. 둘째, 시간적 자유에 관한 것이다. 이는 한마디로 나이 들어가면서 삶의 여유를 갖는 것이다. 매월 어느 정도의 소득이 있으면 그런대로 살아가는 데 지장이 없을까도 중요하지만, 어떤 노후를 보낼 것인가도 그에 못지않게 중요하다. 더 이상 남에게 고용되지 않고서 내가 하고 싶고 좋아하는 일을 하며, 어느 한곳에 얽매이지 않으면서 자유로이 살아갈 수 있는 것이야말로 그토록 꿈꾸는 가장 바람직한 노후의 모습이 아닐까?

은퇴 당하기 vs 은퇴하기

미래를 준비하는 방법은 여러 가지가 있다. 그 중 하나는 기존에 해왔던 방식대로 준비하는 것이다. 비유하건대 외출할 때 비가 올 것에 대비해 우산을 준비하는 것이다. 겨울철 미끄러운 빙판길에서 차를 운전할 것에 대비해 스노체인을 갖춰두는 것이다. 배를 타거나 물에 들어갈 때 만약의 상황에 대비해 구명조끼를 착용하는 것이다. 적금을 들거나 보험에 가입해두는 것도 그런 연유에서다. 이는 노후를 준비하는 가장 보편적인 수단으로 이용하고 있는 것이다. 그러나 여기에는 분명한 한계가 있다. 20년 이상의 노후생활을 위해 최소 5억 원 정도를 확보하기 위해서는 매월 200만 원씩 20년을 모아야 한다. 당장 들어가는 생활비를 제외하고 매월 200만 원을 모은다는 것이 현실적으로 가능할까? 대다수의 사람들에게 이것은 거의 불가능한 이야기다.

많은 사람들이 이와 같은 방식으로 노후를 준비하지만 대부분 실패한다. 당장 먹고살기에도 넉넉하지 않은 판국에 매월 200만 원은 고사하고 100만 원씩 저축하는 것도 결코 녹록치 않기 때문이다. 이것이 현실적으로 볼 때 거의 불가능에 가깝다면 다른 어떤 방법이 있을까?

두 번째로는 앞에서 말한 자본소득을 확보하는 것이다. 다시 말해서 사업소득이 되었든, 재산소득이 되었든 부의 복제수단을 십분 활용해서 굳이 노동소득에 의존하지 않더라도 소득의 흐름이 계속 이어지도록 하는 것이다. 사업을 하는 것이 가장 보편적인 방법이다. 아니면 책을 출간하거나 음반을 발간하여 인세수입을 얻는 방법도 있다. 경우에 따라서는 특허를 취득하여 그로부터 권리소득을 얻는 방법도 생각해볼 수 있다. 하지만 이것 또한 아무나 할 수 있는 방법은 아니다. 선택 받은 일부의 사람들에게만 해당하는 '가까이 하기엔 너무 먼' 방법이다.

그렇다면 어떻게 하란 말인가? 특별한 부의 시스템이나 복제수단을 가지고 있지 않은 보통의 사람들이 더 이상 일을 하지 않고도 수입이 지속적으로 발생하여 노후를 보다 자유롭게 살 수 있는 방법은 현실적으로 정말 없는 것일까? 꼭 그렇지만은 않다. 찾아보면 있다. 다만 보려고 하지 않고 들으려고 하지 않았기 때문에 그 진가를 모르고 있을 뿐이다. 아니면 보고 들어서 알고는 있지만 나와는 무관하다고 생각하고 살아가기 때문일 수도 있다. 또는 그 가치는 알겠는데 나와는 맞지 않다고 생각해서 적극적으로 검토하거나 도전하려고 하지 않기 때문이기도 하다.

우리는 언젠가 지금 하고 있는 일에서 은퇴를 해야 하는 시점과 마주하게 된다. 은퇴는 타인에 의해서 비자발적으로 당할 수도 있다. 하지만 내 스스로 은퇴를 선언할 수도 있다. 자의든 타의든 일로부터의 은퇴는 인생에서 중요한 변곡점임에 틀림없다. 그렇지만 일에서 은퇴했다고 해서 삶까지 은퇴하는 것은 아니다. 죽을 때까지 우리는 영원한 현역으로 살아야 한다. 은퇴 후의 삶은 두 갈래로 나뉜다. 하나는 어쩔 수 없이 은퇴를 당하고 나서 별다른 대책 없이 맞이하게 되는 삶이다. 이때가 가장 막막하다. 누군가의 도움의 손길이 지속적으로 닿지 않는 한 삶은 점점 피폐해질 수밖에 없다. 다른 하나는 나 스스로 은퇴를 선택하고 내가 원하는 삶을 주도적으로 살아가는 것이다. 그렇다면 도대체 어떻게 해야 그런 삶이 가능할까? 지금부터 그 구체적인 방법에 대해서 알아보기로 하자.

이것은 필연적으로 일자리의 미래와 관련이 있다. 우리가 살아갈 21세기의 일자리는 그동안 살아왔던 20세기의 일자리와는 여러 가지 면에서 차이가 있다. 그 추세와 흐름을 파악해야만 새로운 세상에서 어떤 일을 하면서 먹고사는 문제를 해결함과 동시에 내가 꿈꾸는 경제적·시간적 자유를 추구할 수 있을 것인지 가닥을 잡을 수 있다. 과거에는 상상할 수조차 없었던 분야에서 뜻밖의 기회가 찾아올 수 있음을 간과해서는 안 된다. 그 속에서 내게 아주 매력적인 일자리가 탄생할 수 있기 때문이다.

노동소득은 부자가 버는 소득이 아니기 때문이다.

부자로 살고 싶다면, 최소한의 경제적 자유를 누리고 싶다면,

노동소득에만 의존해서는 곤란하다.

처음부터 부자로 들어가는 관문을 잘못 들어간 것이다.

3부

프로슈머
마케팅

소비에서 직업이 탄생한다

새로운 형태의 일자리가 몰려온다

한국 사회는 지금 아주 빠른 속도로 고령화되고 있다. 게다가 인공지능 의존도가 점점 높아짐에 따라 일자리에 가해질 충격이 다른 어느 나라보다도 크다. 또한 여전히 대기업 비중이 높은 일자리 구조의 특성상 다른 나라들에 비해 고용 생태계의 신진대사가 그리 원활하지 못하다. 시대의 변화에도 민첩하게 대응하기 힘든 구조다. 이와같은 상황은 인생 2막을 준비하고 미래의 직업을 선택하는 데 어려움을 더욱 가중시킨다.

미래의 일자리는 '직장'보다는 '직업'의 관점에서 접근해야 한다.

한 직장에서 수십 년을 '버티기'보다는 내가 하고 싶은 일을 직접 찾아서 실행하는 '캐내기'를 해야 한다. 남이 시키는 일을 열심히 하기보다 창업자의 마인드를 가지고 스스로 주도적이고 잘 해낼 수 있는 일자리를 찾아나서야 한다.

이제는 '취업'의 시대가 아니라 '창업'의 시대이며, '취직'보다 '창직'이 더 주목을 받는 세상이 오고 있기 때문이다. 창업은 20, 30대 젊은이들의 전유물이 아니다. 큰돈을 들이지 않아도 쉽게 창업할 수 있는 환경이 점점 잘 마련되고 있다. 유튜버나 블로거와 같은 1인 미디어를 통해 창업에 성공하는 사람들이 날로 늘어나고 있다. 아이디어만 좋으면 얼마든지 1인 창업가로 데뷔할 수 있는 길이 다양하게 열리고 있는 것이다.

하지만 새로운 일자리가 어떤 형태가 되었든 한 가지 공통점은 있다. 미래의 일은 '사람만이' 할 수 있는 일일수록 각광을 받을 것이라는 사실이다. 기계나 인공지능으로는 불가능한 일 또는 인공지능보다는 사람이 훨씬 잘 해낼 수 있는 일이 그것이다. 그러기 위해서는 몇 가지 전제가 필요하다. 첫째는 창의적인 일자리일수록 더 주목을 받게 될 것이라는 점이다. 상상력이나 통찰력을 살려 스토리텔링을 하거나 사람들의 좌절과 고민을 달래주는 일자리들은 인공지능으로 대체하기 어렵다. 둘째는 사람과 사람 사이를 연결하고 상호작용할 수 있도록 도와주는 일자리가 많이 등장할 것이라는 점이다. 비슷한 관심과 열정을 가지고 살아가는 사람들끼리 연대하고 네트워킹할 수 있도록 가교 역할을 해주는 사람들이 두각을 나타낼 것이다.

그러므로 진정성을 가진 소통능력과 상대방을 배려하고 존중하는 공감능력을 바탕으로 변화무쌍한 환경에 잘 적응하는 대처능력을 가지고 있다면 새로운 일을 찾는 데 더없이 좋은 조건을 갖추고 있다고 볼 수 있다. 하지만 무엇보다도 중요한 덕목은 '배움'의 마인드를 잃지 않는 것이다. 향후 10년 후에 '뜰' 직업이 무엇이고, '질' 직업이 무엇인지 쫓아다니는 식의 접근방법은 구시대적인 발상이다. 4차 산업혁명 시대에는 미래의 유망직업이 무엇인지 조사하고 분석하는 것도 중요하지만, 더 중요한 것은 폭넓은 안목을 기르는 것이다. 그러기 위해서 꼭 필요한 것이 배움이다.

인문학에 대한 관심을 넓혀 세상과 사람을 바라보는 새로운 눈을 통해 각성과 깨달음이 일어나고 이를 일의 세계와 접목시킬 때 비로소 의미 있는 직업이 탄생할 것이다. 나 자신이 누구이며, 나는 무엇을 위해 살아갈 것인지 내면세계를 통찰하고, 늘 배움의 자세를 잃지 않고 새로운 영역을 찾아 도전해나갈 때 그 여정의 말미에 마침내 내가 그토록 바라고 원하던 나의 일이 영롱한 빛을 발하며 나를 기다리고 있을 것이다.

정보가 돈이 되는 세상

지구상에 인류가 출현한 이후 많은 변화가 일어났다. 인류가 최초로 경제생활을 시작할 당시의 사회 모습은 수렵사회였다. 이때 인류는 모두 떠돌이생활을 했다. 먹을 것을 찾아 산으로, 들로, 강으로, 쉴 새 없이 이동하며 사냥을 하지 않으면 안 되었다. 당연히 육체적으로 힘이 센 사람이 경제적인 강자였다. 수렵사회의 가장 유력한 생산요소는 노동력이었다. 노동이 경제를 이끌어나가는 핵심 동력이었던 것이다.

그러다가 1만 년 전쯤 인류에겐 혁명과도 같은 변화가 일어났다. 떠돌이생활에 지칠 대로 지친 인류에게 정착생활을 가능하게 하는 농업이 등장한 것이다. 이때부터 인류는 먹을 것을 찾아 더 이상 끝없이 이동하지 않아도 생활을 유지할 수 있게 되었다. '농업혁명'이 태동한 것이다. 농업사회에서는 노동력도 중요하지만 농사를 지을 땅이 더 중요했다. 비옥한 토지일수록 생산력이 높아 그만큼 대우를 받았다. 그 땅에서 사람들은 노동력을 제공하는 대신 먹을 것을 충당했다. 이제 인류에게 경제생활을 영위해나가는 데 필요한 핵심 생산요소는 토지와 노동이 되었다. 그 중에서도 토지가 더 중요한 생산요소가 된 것은 주지의 사실이다.

그로부터 시간이 한참 지나 18세기 들어 인류의 삶에는 또 한 차

3부 프로슈머 마케팅

례의 엄청난 변혁이 일어났다. 이번의 주인공은 토지도 노동도 아니었다. 땅에서 사람의 손으로 일하는 방식이 아니라 공장에서 기계로 일을 하는 것이 훨씬 높은 사회적 부가가치를 창출했다. 이른바 '산업혁명'이다. 산업혁명 이후의 산업사회에서는 토지와 노동도 중요하지만 자본이 더 중요한 위치를 차지했다. 흔히 생산의 3요소라고 부르는 토지, 노동, 자본 중에서 자본이 왕의 자리에 군림한 것이다. 우리가 살아온 지난 20세기까지 세상은 온통 산업사회의 공기로 뒤덮여 있었다.

그런데 언제부턴가 다시 기류가 바뀌기 시작했다. 이번 기류는 생전 듣지도 보지도 못했던 너무나 생소한 것이었다. 특히 이번 것은 존재는 하는데 육안으로 볼 수가 없다. 하지만 놀라운 사실은 이 기류가 인류의 삶을 송두리째 바꿔놓고 있다는 것이다. 이것의 정체는 '정보'다. 정보는 전통적인 생산요소인 토지, 노동, 자본 외에 21세기에 등장한 새로운 경제의 생산요소라고 할 수 있다. 보다 중요한 사실은 21세기는 정보가 다른 세 가지 경제요소들보다 더 우위에 있다는 점이다. 수렵사회에는 노동이, 농업사회에는 토지가, 산업사회에는 자본이 주인공이었다면, 정보사회에는 정보가 그 주인공의 역할을 맡게 되었다.

21세기는 정보가 돈이 되는 세상이다. 이런 사회에서는 홍수처럼 떠돌아다니는 별로 쓸데없는 정보보다는 경제적으로 쓸모 있는 정보에 시간과 노력을 투자하는 편이 현명하다. 같은 시간과 노력을 기울일 바엔 부가가치가 높은 정보를 얻어서 활용하는 편이 경제적으로 이득이 되기 때문이다. 정보가 경제의 중요한 생산요소로 부상하고 있는데도 여전히 '공짜 정보'만을 만들어 유통시킨다면 그만큼 경제적으로 손해를 볼 수밖에 없다. 이러한 유익한 정보 가운데 특히 주목해야 할 것이 '프로슈머Prosumer'다. 이 프로슈머라는 정보를 이해하고 유익하게 활용하기 위해서는 사전에 알아두어야 할 추가적인 정보가 있다. 그것은 유통과 관련된 정보다.

대형마트에 무슨 일이

대형마트에 위기가 감돌고 있다. 해를 거듭할수록 실적이 나빠지고 있다. 대형마트에 무슨 일이 일어나고 있는 걸까? 실적이 안 좋은 이유는 소비자들이 대형 할인마트 대신 온라인쇼핑몰을 더 자주 이용하기 때문이다. 공산품에서부터 시작된 대형마트와 인터넷쇼핑몰의 치열한 경쟁은 신선식품으로까지 번지고 있다. 이 팽팽한 줄다리기의 승부가 차츰 온라인쇼핑몰 쪽으로 기울고 있다. 지칠 줄 모르고 뻗어나가던 대형마트의 성장세가 한계점에 봉착한 것이다.

유통시장의 변화는 비단 한국만의 이야기가 아니다. 미국의 대표적인 대형 오프라인 할인마트인 월마트나 타겟도 온라인쇼핑몰 아마존에 밀려 고전을 면치 못하고 있다. 또한 얼마 전에는 미국의 고급 백화점 브랜드인 바니스뉴욕Barneys Newyork이 파산보호신청을 했다. 매장 임대료는 갈수록 상승하는데 소매업은 점점 침체되어가니 견딜 수가 없었던 것이다. 전통적으로 유통시장을 주도하던 백화점이나 대형마트의 쇠퇴는 유통시장에 큰 변화의 바람이 불고 있음을 극명하게 보여준다.

이와 같은 오프라인 유통업체의 침체는 온라인쇼핑으로 소비자들의 발걸음이 옮겨간 것이 가장 큰 요인이다. 대형마트가 흔들리기 시작한 것은 거슬러 올라가보면 지난 2012년 동네상권 살리기 캠페인과 맥이 닿아 있다. 당시 대형마트가 격주로 일요일에 문을 닫게 되자 소비자들은 생필품을 주문하러 온라인쇼핑몰을 찾게 되었다. 대형마트만 찾다가 처음으로 인터넷에서 쇼핑을 경험한 소비자들은 온라인쇼핑이 그리 나쁘지 않다는 인상을 받게 되었다. 쇼핑객들이 점점 늘어나면서 날로 활기를 띠기 시작한 온라인쇼핑몰들은 더욱 공격적인 마케팅으로 고객들의 마음을 사로잡았다.

유통시장의 소비 행태가 오프라인에서 온라인으로 이동하는 것은 돌이킬 수 없는 흐름으로 보인다. 산업통상자원부가 발표하는 유통업체 매출 동향을 분석해봐도 대형마트의 비중은 점점 줄어드는 반면 온라인쇼핑업체의 매출 비중은 점점 늘어나고 있다. 미국에서 아마존과 같은 온라인쇼핑몰에 밀려 월마트가 고전을 면치 못하고 바니스뉴욕이 문을 닫게 된 것은 시사하는 바가 크다. 돈이 오프라인 채널에서 온라인 채널로 이동하고 있다.

여기서 특히 주목해야 할 사실은 소비자들의 마음이 달라졌다는 것이다. 종전에는 같은 수량이면 더 저렴하고, 같은 값이면 더 많이 주는 대형마트를 찾아가려고 소비자들의 발걸음이 분주했다. 그러나 지금은 더 좋은 제품을 더 저렴한 가격으로 고객들의 안방까지 직접 찾아오는 온라인쇼핑몰에게 소비자들이 마음을 빼앗기고 있다. '고객이 가게를 찾아가던' 쇼핑 문화가 '가게가 고객에게 찾아오는' 쇼핑 문화로 중대한 변신을 꾀하고 있다.

21세기의 소비자들은 20세기와는 마인드가 다르다. 몰라볼 정도로 똑똑해지고 현명해졌다. 20세기까지만 해도 소비자는 '왕'이 아니라 '봉'이었다. 그러나 지금은 다르다. 소비자를 봉으로 취급했다가는 살아남지 못한다. 소비자를 왕처럼 모셔야만 치열한 유통 경쟁에서 살아남을 수 있다. 그러면서 소비자들의 선택권은 훨씬 다양해졌다. 구매를 하더라도 일방적으로 돈을 쓰기만 하는 것이 아니라 '돈을 쓰면서 돈을 돌려받는' 형태의 소비에 점점 더 관심을 갖게 된 것이다.

유통에 뛰어든 현명한 소비자들

경제학에서 유통이란 '재화나 서비스가 생산자로부터 소비자에게 도달하기까지 여러 단계에서 교환되고 분배되는 활동'[9]을 말한다. 다시 말해 생산자에게서 소비자에게 전달하기까지의 과정이 유통이다. 마치 물이 최초의 발원지에서 출발해 골짜기를 흘러 강을 거쳐 바다에 이르는 전 과정과 같다. 경제활동에서 유통은 매우 중요하다. 생산자가 아무리 질 좋은 제품을 생산해도 유통과정이 없으면 고객에게 제대로 전달할 수 없다. 유통자는 생산자와 소비자를 연결하는 매우 중요한 경제주체이다.

전통적인 유통 단계는 제조업자가 생산한 제품을 총판을 통해 도매상에게, 중간도매상에게 그리고 소매상을 거쳐 최종적으로 소비자에게 전달되는 방식이다. 그러던 것이 새로운 유통방식이 속속 등장하면서 유통의 형태도 점점 다양해지기 시작했다. 작게는 동네 골목의 영세한 구멍가게부터 슈퍼마켓이나 할인점은 말할 것도 없거니와 백화점이나 대형 할인마트, 프랜차이즈들이 출현했고, 여기에 TV홈쇼핑이나 온라인쇼핑까지 가세하기에 이르렀다. 최근에는 국경을 초월하여 해외 직접구매도 활발하게 이루어지고 있다.

이처럼 다양한 형태의 유통방식이 등장하면서 유통업계의 경쟁이 갈수록 치열해지고 있다. 중간 유통단계가 복잡할수록 최종 소비자의 입장에서는 그만큼 가격에 전가될 개연성이 높으므로 반가울 리가 없다. 따라서 가능하면 유통과정을 줄여야 소비자들의 환영을 받는다. 소비자들이 전통적인 오프라인쇼핑보다 온라인쇼핑을 더 많이 이용하는 것도 이러한 이유 때문이다.

일부 적극적인 소비자들은 제품을 소비하는 활동에만 국한하지 않고 아예 유통과정에 직접 참여해 그로부터 발생하는 수익의 일부를 자신의 수입으로 가져간다. 이들은 전통적인 소비자로 남는 것에 만족하지 못한다. 단순히 소비만 하려고 하는 것이 아니라 과거에 유통업자들이 했던 것과 똑같은 역할을 수행함으로써 그에 합당한 수당을 받고자 하는 매우 적극적인 소비자들이다. 어떻게 해서 이런 일이 가능한 것일까?

그들은 네트워크 마케팅[10] 방식을 이용해 도매상, 소매상, 또는 대리점을 통한 간접판매 방식이 아니라 '직접판매' 방식을 통해 전통적인 유통업자들이 했던 활동을 하고 있다. 직접판매는 제품이나 서비스가 중간의 여러 단계 유통과정을 거치지 않고 생산자에게서 판매원을 통해 소비자에게 직접 전달되는 판매방식을 말한다. 네트워크 마케팅은 다양한 유통 형태 중에서 직접판매 방식으로 분류된다. 다만 여기서 주목해야 할 것은 네트워크 마케팅이 직접판매라고 해서 제품을 판매하는 것이 주된 목적이 아니라는 사실이다. 그보다는 특정 네트워크 마케팅 회사에 사업자로 등록하여 지속적인 후원을 통해 새로운 사업자 및 소비자회원으로 구성된 '애용자 그룹'을 형성하고, 이 그룹 내에서 각자 필요한 제품을 알아서 구매해 쓰도록 하는 것이 핵심이다.

소비자와 프로슈머

그러므로 네트워크 마케팅에 참여하는 소비자들은 단순 소비자가 아니다. 소비자의 신분을 뛰어넘어 생산자와 유통자가 도맡았던 역할까지 수행하는 이른바 '카멜레온형 소비자'들이다. 본래 소비자는 소비생활을 위해서 재화나 서비스를 구입해서 사용하는 사람을 말한다. 소비자의 주된 경제활동은 필요한 물건이나 서비스를 사기 위해 돈을 쓰는 것이다. 따라서 현명한 소비를 위해서 같은 값이면 더 질이 좋거나 양이 많은 상품을, 같은 상품이면 더 값이 저렴한 상품을 구입하는 것이 최선이다. 그러나 아무리 알뜰하게 소비를 잘한다고 하더라도 기억해야 할 사실이 있다. 소비는 지출이다. 땀 흘려 번 피 같이 소중한 돈을 내 지갑에서 꺼내 파는 사람에게 건네주어야 한다. 아무리 아껴서 소비하려고 해도 지출은 계속 늘어난다. 대단히 현명한 소비자라고 하더라도 소비활동은 근본적으로 돈을 쓰는 경제활동이다.

세상에는 과연 이런 소비방식만 존재할까? 물론 아니다. 세상을 잘 둘러보면 이미 존재하고 있지만 내 눈에는 보이지 않았던 다른 세계가 있다. 소비 역시 마찬가지다. 일방적으로 돈을 쓰기만 하는 소비가 아니라 '돈을 쓰면서 돈을 버는 소비'도 존재한다. 어떻게 하면 그렇게 할 수 있을까? 나 자신이 단순히 소비활동만 하고 돈을 쓰는 '단순 소비자'라는 고정관념을 버려야 한다. 그리고 소비활동과 함께 생산활동에도 참여하여 돈을 벌 수도 있는 '프로 소비자'임을 인식해야 한다. 다시 말해 소비활동과 생산활동을 겸하는 '프로슈머'가 되는 것이다.

잘 알다시피 프로슈머는 생산자인 프로듀서Producer와 소비자인 컨슈머Consumer를 합쳐 만든 합성어이다. 앨빈 토플러가 『제3의 물결』에서 최초로 언급했던 프로슈머라는 용어는 그로부터 40년이 지난 지금 누구나 상식적으로 알고 있는 일상적인 단어가 되었다. 하지만 프로슈머의 진가를 제대로 알고 있는 사람은 그리 많지 않다. 특히 프로슈머는 마음먹기에 따라서 21세기에 등장한 '유망직업인'이 될 수 있음을 인지하고 있는 사람은 아직 소수에 불과하다. 그렇기 때문에 프로슈머의 가치는 지금까지보다는 앞으로가 더욱 높아질 것임이 분명하다.

이것은 마치 천동설이 지동설로 바뀌던 시대의 패러다임 전환과 비슷하다. 지구중심설로도 불리는 천동설은 2세기에 프톨레마이오스가 최초로 주장한 이후 1543년 코페르니쿠스의 지동설[11]로 대체되고 나서도 오랜 세월 대다수 사람들의 의식세계를 지배하고 있었다. 태양이 동쪽에서 떠서 서쪽으로 지는 것을 날마다 목격하고 있는데 상식적으로 보더라도 태양이 지구를 돈다고 생각하지 지구가 태양을 돈다고 누가 생각이나 하겠는가. 심지어 로마 교황청이 지동설을 공식적으로 인정한 것은 이 주장이 발표되고 나서 무려 440년이 지난 1992년이었다.

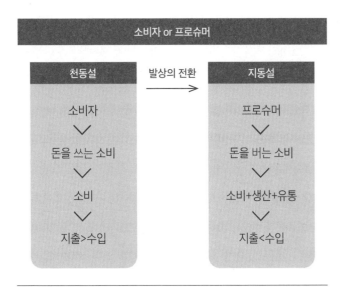

소비자에서 프로슈머로의 인식 전환은 마치 '코페르니쿠스적 전환'과 유사하다. 소비자는 필요한 제품을 구입하기 위해 반드시 돈을 지불해야 한다. 이것은 날마다 해가 뜨고 지는 것처럼 너무나 당연한 이치다. 하지만 어떤 사람들은 이러한 소비행위에 의문을 제기한다. 일방적으로 돈을 쓰기만 하는 소비가 아니라 돈을 쓰긴 쓰되 다시 돌려받을 수 있는 소비는 없겠느냐는 것이다. 이러한 의문에 답을 해주는 것이 프로슈머적인 소비다.

그렇다면 프로슈머는 소비자와 어떻게 다를까? 프로슈머는 돈을 일방적으로 소비하지 않는다. 돈을 쓰는 것이 돈을 버는 원천이 되도록 한다. 소비자는 돈을 적게 쓰고 절약하는 것에만 주안점을 두는 반면, 프로슈머는 돈을 쓰는 경제활동 속에서 돈을 버는 생산활동을 동시에 행하는 경제주체다. 그렇기 때문에 프로슈머는 소비를 직업으로 삼는 사람이다. '소비가 직업'인 셈이다. 이런 발상은 얼마 전까지만 해도 세상에 없었다. 그러나 이제는 점점 그 수가 늘어나고 있는 새로운 유형의 직업이다. 21세기는 생각하고 마음먹기에 따라서 얼마든지 소비를 직업으로 삼을 수 있는 기회가 열려 있기 때문이다. 소비활동을 하는 자체가 직업인으로서 일을 하는 것과 같은 효과를 낼 수 있는 시대이기 때문이다.

소비가 직업이다

돈을 쓰면서 돈을 버는 21세기형 신종 직업인이 되는 길은 '정보 프로슈머'가 되는 것이다. 정보 프로슈머란 누구일까? 다른 유형의 경제자원들과 마찬가지로 정보자원 역시 소비자와 유통자와 생산자가 있다. 어떤 사람은 정보를 소비만 한다. 어떤 사람은 정보를 생산한다. 그런가 하면 정보를 유통시키는 사람도 있다. 우리가 매일 사용하는 휴대폰을 예로 들어보자. 대부분의 사람들은 휴대폰에 들어 있는 다양한 애플리케이션을 소비하는 소비자들이다. 그런데 그 안에 있는 많은 정보를 생산하는 사람들도 있다. 또한 그것을 유통시키는 사람들도 있다.

이들 중 누가 돈을 버는가? 생산하고 유통하는 사람들 아니겠는가? 휴대폰에 들어 있는 무궁무진한 정보를 제공하고 돈을 버는 사람들이 있는가 하면 한 달 내내 열심히 쓰고 정보이용료를 내는 사람들도 있다. 그들은 29일 동안 행복하게 쓰다가 통신요금을 내야 하는 하루는 침울해진다. '이번 달에도 이렇게 많이 썼구나!' 하고 반성을 한다. '다음 달엔 아껴서 써야지' 하고 다짐하지만 다음 달이 되면 어김없이 또 후회를 한다. 매월 이런 후회가 무한반복된다. 언제까지 이런 식으로 정보를 소비만 할 것인가? 언제까지 정보소비자로만 남을 것인가?

앞에서 필자는 정보가 21세기에 가장 중요한 생산요소라고 말했다. 정보사회에서는 정보가 최고다. 정보를 가진 사람이 부를 거머쥔다. 그렇다고 해서 아무 정보나 다 그렇다는 의미는 아니다. 경제적 가치를 창출할 수 있는 정보를 생산하여 유통하는 사람이 부자가 될 확률이 높다는 말이다. 다시 말해 정보를 일방적으로 소비만 하지 말고 더 적극적으로 정보를 생산하고 유통하는 역할을 담당하여 정보로부터 돈을 버는 주체가 되라는 뜻이다.

어떻게 하면 그것이 가능할까? 정보 프로슈머의 역할을 수행하면 된다. 정보 프로슈머는 정보를 먼저 소비하고 그 정보를 바탕으로 새로운 정보를 생산한 다음 다른 사람들에게 그 정보를 유통시키는 경제주체다.

예를 들어 내가 어떤 지인을 통해서 소비에 관한 이야기를 들었다고 해보자. 그 지인은 내 가족이거나 친척이거나 친구이거나 선후배이거나 잘 알고 지내는 사람일 것이다. 나는 그 지인으로부터 자기가 예전처럼 소비하지 않고 소비습관을 바꾸게 되었다는 말을 들었다. 그러면서 바꾼 소비습관 덕분에 일어난 변화들에 대해 이야기를 듣다 보니 관심을 갖게 되었다. 일단 내가 흥미를 갖게 되자 관련된 책이나 CD를 통해서 또 다른 정보들을 접하게 되었다. 그러면서 차츰 무작정 대형마트로만 달려가는 것이 과연 현명한 소비인지 스스로 반문해보기 시작했다.

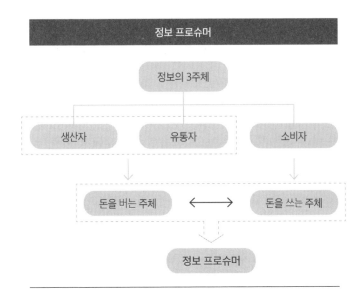

어느 날 나는 이왕 필요한 물건을 소비할 바엔 그 소비로부터 내게 혜택이 돌아오는 소비를 하는 것도 괜찮겠다는 생각을 하게 되었다. 그리하여 소비습관을 바꿔보기로 마음먹고 그 지인이 하고 있는 것처럼 회원으로 등록하여 내 쇼핑몰에서 필요한 물건을 쇼핑하기 시작했다. 동시에 소비습관을 바꾸는 것에 그치지 않고 이것을 내 주변의 다른 지인들에게도 널리 알렸다. 그 결과 그들도 나처럼 소비습관을 바꾸게 하는 것이 어떤 의미와 가치를 지니고 있는지 다양한 정보들을 통해서 충분히 납득하고 이해하게 되었다. 그런 다음 내가 새롭게 바꾼 소비가 내 삶에 어떤 변화를 가져올 것이며, 매일 하는 소비 속에서 매력적인 직업이 탄생할 수 있음을 지인들에게도 알리기 시작했다. 그리고 그들 중 일부는 나처럼 소비습관을 바꿔 마트로 가는 대신 자신의 쇼핑몰에서 쇼핑을 즐기게 되었다.

이 과정에서 내가 한 일은 무엇일까? 위의 그림에서 볼 수 있는 것처럼 나는 매우 훌륭한 정보 프로슈머의 역할을 한 것이다. 먼저 소비습관을 바꾸면 어떤 변화가 일어나는지에 관한 정보를 지인으로부터 '소비'했다. 그런 다음 그 정보를 바탕으로 어떻게 하면 나도 그런 소비를 통해 경제적 이익을 얻을 수 있는지 기존에 내가 알고 있는 지식과 지인으로부터 들은 정보를 버무려 소비습관에 관한 새로운 정보를 '생산'했다. 이어서 내가 알고 있는 다른 지인들에게도 내가 생산한 정보를 '유통'시키는 역할까지 했다. 나는 정보의 소비자이면서 정보의 생산자 및 유통자의 역할까지 동시에 수행하는 정보 프로슈머가 된 것이다.

나 자신이 단순히 소비활동만 하고 돈을 쓰는
'단순 소비자'라는 고정관념을 버려야 한다.
그리고 소비활동과 함께 생산활동에도 참여하여 돈
을 벌 수도 있는 '프로 소비자'임을 인식해야 한다.
다시 말해 소비활동과 생산활동을 겸하는
'프로슈머'가 되는 것이다.

소비와 직업을 연계하라

소비를 마케팅에 활용하라

소비습관의 변화를 통해 새로운 직업을 만들어낼 수 있다는 발상은 20년 전까지만 해도 대부분의 사람들이 반신반의하기에 충분했다. 직업의 불안정성과 불확실성이 매우 컸기 때문이다. 그러나 많은 시행착오와 우여곡절을 경험하는 과정에서 이제는 정보 프로슈머로서 복제소득을 통해 평생직업이 될 수 있음을 증명해주는 성공 사업자들이 속속 나타나고 있다. 그들은 21세기 경제주체인 프로슈머로서 앞에서 언급한 것처럼 기존의 유통 방식 가운데 하나인 직접판매 형태의 네트워크 마케팅을 활용하여 자신의 경제적 이익을 창출하고 있다.

현행법상 네트워크 마케팅은 다단계판매라는 명칭으로 불리고 있다. 관련 법조항은 주로 보호나 지원 차원보다는 규제나 금지 차원에 방점이 찍혀 있다. 이렇게 되기까지엔 불법적인 피라미드로 인해 적지 않은 사람들이 피해를 본 과거의 전철을 밟지 않겠다는 관련 부처의 의지가 반영되어 있다. 그럼에도 다단계판매, 즉 네트워크 마케팅은 법이 보장하는 '합법적인' 사업이다. 내가 관심을 가지고 있는 회사가 합법적인 네트워크 마케팅회사인지 확인해보고 싶으면 공정거래위원회 홈페이지에 접속하여 직접 체크해보는 것이 가장 객관적이고 확실하다.

소비를 마케팅에 접목하기 위해서는 네트워크 마케팅에 관한 이해가 선행되어야 한다. 왜냐하면 그동안 우리 사회에서 네트워크 마케팅만큼이나 요란하게 세간에 오르내린 사업도 없기 때문이다. 네트워크 마케팅은 현존하는 마케팅 방식의 하나임에도 불구하고 그 이름만 듣고도 고개를 돌리는 사람들이 있는가 하면, 네트워크 마케팅에 대해 매우 부정적인 시각을 가지고 있는 사람들이 대다수이다. 거기에는 그럴 만한 이유가 있다.

먼저 합법적인 네트워크 마케팅과 불법적인 피라미드 판매를 아직도 제대로 구분하지 못하는 사람들이 많다. 불법 피라미드는 네트워크 마케팅 특유의 조직 구성 방식을 악용하여 사람들에게 엄청난 금전적 손실을 입히고, 심지어 가정과 인간관계까지 파괴하는 무서운 범법행위이다. 과거에 이런 불법적인 피라미드로 인해 금전적, 정신적 피해를 본 사람들이 많이 있다. 또한 이런 피해자들로부터 전해 들은 이야기를 통해 주변 사람들은 불법 피라미드나 네트워크 마케팅이나 '그것이 그것'인 것쯤으로 알고 있다. 이러한 편견과 오해로 인해 네트워크 마케팅에는 부정적인 이미지가 매우 강하게 덧씌워져 있다.

네트워크 마케팅에 대한 이러한 부정적 인식을 남의 탓으로만 돌릴 수는 없다. 그동안 네트워크 마케팅 회사나 네트워크 마케팅 사업자들이 잘못된 사업 진행으로 인해 자업자득한 측면도 많기 때문이다. 눈앞의 사욕에 눈이 먼 일부 사업자들이 승급이나 수당을 위해 사재기를 부추기거나 과도한 물품 구매를 강요하여 빚을 지게 하는 일들도 빈번히 발생했다. 지금 이 시간에도 그런 회사나 사업자들이 존재하고 있다. 이런 잘못된 관행은 올바르게 사업을 하고 있는 많은 네트워크 마케팅 사업자들의 사기를 저하시키고 새로운 사업자들의 신규 진입을 망설이게 하는 암적인 요소이다.

덧붙이자면 네트워크 마케팅이 이렇게 부정적인 이미지를 띠게 된 데에는 기존 유통업계와 그들로부터 나오는 광고수입에 크게 의존해야 하는 언론계가 한편이 되어 여론을 호도한 측면도 무시할 수 없다. 이들은 불법 피라미드 사기로 인해 사회문제가 발생할 때마다 대대적인 보도를 통해 마치 네트워크 마케팅이 매우 부도덕하고 파렴치한 불법 조직인 것처럼 여론을 몰아가곤 했다. 그리고 이런 일들이 주기적으로 반복되자 내용을 잘 모르는 대다수의 사람들은 언론 보도만 믿고 네트워크 마케팅을 일방적으로 매도해버리는 결과를 초래했다.

그럼에도 네트워크 마케팅이 사라지지 않는 이유는 무엇일까? 아니 사라지기는커녕 여러 차례의 위기를 극복하고 점차 안정적인 성장 국면에 들어서게 된 이유는 무엇일까? 무언가 매력이 있고 가치가 있기 때문 아닐까? 다른 사람들이 간과하거나 외면해버렸던 네트워크 마케팅의 가치를 발견하고 스스로 프런티어가 되고자 도전을 두려워하지 않는 사업자들이 있기 때문이 아닐까? 특히 정보가 가장 중요한 생산요소로 부상하는 21세기야말로 네트워크 마케팅 방식이 그 어느 때보다도 유리한 장점들을 지니고 있는 마케팅임을 간파했기 때문이 아닐까?

프로슈머 마케팅의 탄생

하루 일과를 살펴보면 아침에 잠자리에서 일어나 밤에 잠이 들 때까지 우리는 끊임없이 무언가를 소비한다. 비누나 샴푸, 화장품을 비롯한 미용 관련 제품에서부터 비타민, 유산균, 칼슘, 오메가3 등 건강 기능식품도 대부분이 몇 가지씩은 복용한다. 내가 필요해서 구입하는 수많은 제품들의 가격 안에는 최종적으로 내 손에 들어올 때까지 생산과 유통과정에 관여한 사람들에게 돌아가는 몫까지 포함되어 있다. 우리는 다만 그들이 누구인지 잘 모르고 있을 뿐이다. 굳이 알려고도 하지 않았고 알 필요도 없었다.

그런데 지금은 달라졌다. 전통적으로 유통시장을 독점했던 유통업자들에게 도전장을 내민 새로운 주체가 등장한 것이다. 그들이 바로 프로슈머다. 그들은 기본적으로 소비자이면서 동시에 소비에 관한 정보를 생산하여 유통하는 정보 프로슈머이다. 프로슈머는 기존의 유통망을 이용하여 소비하는 것이 아니라 자신만의 유통망을 만들어 소비를 할 뿐만 아니라 자신의 소비습관을 다른 이들에게 알려주고 그들을 후원함으로써 수입을 창출한다.

프로슈머가 자신의 유통망을 만들어 수입을 얻는 방식은 기존의 네트워크 마케팅이 지니고 있는 장점들을 그대로 비즈니스 모델에 적용시킨 것이다. 여기서 발생하는 수입은 제품을 판매하는 과정에서 발생하는 판매수입이 아니라 자신과 뜻을 같이하는 애용자들을 지속적으로 후원한 데 따른 '후원수당'이다. 이 후원수당은 네트워크 마케팅의 지급 방식과 동일하다. 네트워크 마케팅에서 지급하는 수당은 독특한 특징을 지니고 있다.

먼저 네트워크 마케팅 회사와 계약을 맺은 프로슈머는 회사의 직원이거나 영업사원이 아니다. 그는 회사와 파트너십을 맺고 있는 독립적인 사업자다. 사업자는 자신이 후원을 통해 구축한 애용자 네트워크의 전체 매출실적에 따라 회사가 약속한 수당을 받는다. 따라서 선임 사업자는 후임 사업자가 비즈니스를 원만하게 진행할 수 있도록 아낌없이 도와주어야 한다.

또한 후임 사업자 역시 경험을 가진 선임 사업자의 도움을 잘 받아야 그만큼 성장할 수 있다. 그러므로 선임 사업자와 후임 사업자는 서로 경쟁하는 관계가 아니라 협력하고 상생하는 관계에 있다. 네트워크 마케팅의 자랑거리 가운데 하나가 사업을 전개하는 과정에서 '승/패'의 패러다임이 아니라 '승/승'의 패러다임으로 임할 수 있다는 점이다.

네트워크 마케팅의 가장 큰 매력 중 하나는 복제에 의한 수입이 근간을 이루고 있다는 것이다. 내가 노력한 만큼 수입이 발생하는 것이 아니라 노력한 것보다 몇 배 또는 몇 십 배의 수입을 얻을 수 있다. 이미 널리 알려진 폴 게티의 말처럼 '자신이 일한 것의 100퍼센트를 갖는 것보다는 100명이 일한 것의 1퍼센트씩을 갖는 것이 낫다'는 사업가의 마인드를 그대로 비즈니스에 적용시킬 수 있는 것이다. 이것이야말로 앞에서 언급한 복제 시스템을 활용한 사업소득이 아니겠는가?

복제 시스템을 이용하는 네트워크 마케팅의 사업전개 방식은 그룹을 유지하고 성장시키는 데 가장 핵심이 된다. 선임 사업자는 후임 사업자에게 사업전개 방법과 조직관리 방법을 교육하여 그와 똑같은 방식으로 사업을 전개하고 조직을 관리하도록 돕는다. 그리고 후임 사업자 역시 그의 후임자에게 동일한 방식으로 교육을 시킴으로써 스스로 성장하고 발전하도록 도와준다. 이와 같은 원리로 교육을 통한 복제 시스템을 활용하여 자연스럽게 사업자 그룹이 형성되고 성장해나간다.

그러므로 네트워크 마케팅은 판매사업이 아니라 '복제사업'이자 '교육사업'이며 '후원사업'이다. 이 원리를 잘 이해하고 효과적으로 활용할 줄 알아야 네트워크 마케팅 사업에서 성공할 수 있다. 경험적으로 볼 때 같은 네트워크 마케팅 회사에 속해 있더라도 체계적인 교육 시스템을 만들어 사업자들에게 지속적인 교육을 통해 강력한 복제 시스템을 구축하도록 하는 그룹이 시간이 갈수록 크게 성장하는 모습을 볼 수 있다. 또한 상위 리더가 현실에 안주하지 않고 후임 사업자들을 위하여 늘 새로운 정보를 습득하고 끊임없이 공부하며 자기관리를 잘해나가는 그룹이 두드러진 성장을 보이는 것을 확인할 수 있다.

이렇게 해서 탄생한 것이 '프로슈머 마케팅'이다. 프로슈머 마케팅은 21세기의 새로운 경제주체인 프로슈머가 주역이 되어 전통적인 네트워크 마케팅의 직접판매 방식을 활용해 유통시장에 참여하여 주로 후원을 통해 수익을 창출하는 새로운 유통방식인 것이다. 따라서 프로슈머 마케팅은 단순한 소비자가 아니라 프로슈머적인 소비를 하는 사람이라면 남녀노소 지위고하를 막론하고 누구나 참여할 수 있는 매우 전망이 밝은 사업이다. 동시에 평생직장이 사라지고 일자리가 점점 불안해지는 21세기에 평생직업으로 삼기에 더없이 좋은 조건을 갖추고 있는 독립적인 사업이기도 하다.

평생직업이 될 수 있을까

프로슈머 마케팅은 평생직업이 될 수 있을까? 결론부터 말하자면 얼마든지 가능하다. 프로슈머 마케팅은 지속적인 수입이 가능하기 때문이다.

프로슈머 마케팅의 뿌리는 소비다. 그리고 우리는 죽을 때까지 소비생활을 지속한다. 따라서 소비로부터 소득이 발생할 수만 있다면 평생 지속적인 수입이 얼마든지 가능하다. 이것이 프로슈머 마케팅이 평생직업이 될 수 있는 이유다. 자신이 구축한 시스템 내의 사업자 및 애용자들이 필요한 제품을 꾸준히 소비하도록 하면서 후원자들을 확장해나갈수록 매출 실적에 따라 그만큼 보수도 늘어난다.

여기서 발생하는 소득은 일반 회사의 사장이 사업 시스템을 보유한 권리로부터 얻는 사업소득과 마찬가지로 소비그룹을 구축한 데 따른 '권리소득'이다. 이 권리소득은 어떤 이유로 인해 권리소유자가 일을 할 수 없는 상황이 온다 해도 매출이 지속적으로 일어나는 한 계속해서 발생하는 특징이 있다. 그가 구매한 소비 실적이 아니라 그룹의 구성원들이 각자 구매한 소비 실적에 따라 수입이 결정되기 때문이다.

따라서 일단 안정적인 그룹이 형성되고 나면 그 시스템 안에서 지속적으로 매출이 일어나고 시간이 가면서 그룹이 점점 더 성장하기 때문에 수입이 더 늘어날 가능성이 높다. 그래서 혹자는 프로슈머 마케팅에서 발생하는 수입을 '연금소득'에 비유하기도 한다. 죽을 때까지 안정적인 수입이 확보된다는 측면에서 일견 일리가 있어 보인다. 하지만 프로슈머 마케팅을 통한 수입은 연금소득보다 더 매력적이다. 왜냐하면 연금소득의 경우 아무리 시간이 지나도 이미 확정된 금액만 받을 수 있지만, 프로슈머 마케팅으로부터 나오는 수입은 그룹이 성장할수록 증가하기 때문이다.

그런 까닭에 프로슈머 마케팅은 4차 산업혁명의 여파로 많은 일자리들이 사라지고 있는 요즘 세태에 유력한 미래의 일자리 대안으로 떠오르고 있다. 평균 수명은 점점 늘어나는 반면 직장인들의 평균 퇴직연령이 이미 50세 이하로 떨어져버린 현재, 30년 이상의 시간을 무위도식하면서 살기엔 시간이 너무 길다. 하지만 마땅한 대안이 없으니 능력과 열정을 가지고 있음에도 적절한 일자리를 찾는 것이 갈수록 어려워질 수밖에 없다. 대다수 사람들의 노후 걱정은 비단 개인의 삶의 질을 떨어트릴 뿐만 아니라 심각한 사회문제를 초래할 것임이 불을 보듯 빤하다. 어차피 평생을 소비하며 살아갈 바엔 단순한 소비자로만 남을 것이 아니라 프로슈머적인 소비를 통해 스스로 독립사업가로 활동할 경우 그동안 쌓아둔 경력과 재력으로 누구보다 적극적이고 진취적인 직업인이 될 수 있다.

내게도 직업이 될 수 있을까

아울러 프로슈머 마케팅은 전업주부들에게도 절호의 기회임에 틀림없다. 700만 명에 달하는 대한민국의 전업주부들은 타의 추종을 불허할 정도로 지적 수준이나 잠재능력이 뛰어난 '예비 직업인'들이다. 이들 중 상당수는 일할 여건만 주어진다면 당장에라도 현장에 뛰어들 수 있는 역량을 갖추고 있다. 문제는 그럴 기회가 좀처럼 주어지지 않는다는 것이다.

또한 전업주부들은 뭐니 뭐니 해도 영원한 소비의 주역이다. 그런데 이들이 달려가는 곳은 대부분 대형마트나 백화점 또는 홈쇼핑과 온라인쇼핑몰이다. 어디서 해도 어차피 해야 할 소비라면 다른 사람들에게만 이득이 돌아가는 소비를 할 이유가 없다. 자기 자신에게 유익한 소비를 하는 방법이 무엇인지 안다면 당연히 선택은 달라질 터이다. 프로슈머 마케팅은 전업주부들이 선택하기에 매우 안성맞춤인 직업인 것이다.

청년층 역시 마찬가지다. 갈수록 어려워지는 직장에 들어가겠다고 고군분투하는 젊은이들을 볼 때마다 기성세대의 한 사람으로서 가슴이 매우 아프다. 그들이 마음 놓고 일할 수 있는 사회경제적 여건을 마련해주지 못한 도의적 책임에서 나 역시 결코 자유로울 수 없기 때문이다. 프로슈머 마케팅은 청년층의 새로운 일자리 대안으로 얼마든지 가능하다. 특히 젊은이들은 고정관념에 사로잡혀 있지 않고 상대적으로 유연한 사고와 변화에 대한 개방적인 마인드를 소유하고 있기 때문에 프로슈머 마케팅을 전향적인 시각에서 바라볼 경우 제법 매력 있는 직업이 될 수 있다. 요즘 미국을 중심으로 유행처럼 번지고 있는 '파이어FIRE족'[12]이 꿈꾸는 세상의 중심에 바로 그들이 있다.

이밖에도 프로슈머 마케팅은 현재 직장생활을 하고 있거나 다른 직업을 가진 사람들이 부업으로 선택하기에 좋은 직업이다. 그렇지 않아도 우리 주변에는 투잡이나 심지어 쓰리잡을 뛰는 사람들이 의외로 많다. 2019년에 잡코리아와 알바몬이 30대 이상 직장인 2,050

명을 대상으로 '직장인 아르바이트 현황'을 조사한 결과 직장인들의 투잡 비율이 30대 16퍼센트, 40대 19.8퍼센트, 50대 23퍼센트로 나타났다. 30대 이상 직장인들 가운데 평균 18.6퍼센트가 부업을 가지고 있는 셈이다. 이는 직장인 다섯 명 가운데 한 명꼴로 부업을 하고 있다는 이야기다.

프로슈머 마케팅은 출퇴근시간이 정해져 있는 것도 아니어서 자신의 여건에 맞게 얼마든지 탄력적으로 시간을 투자할 수 있다. 퇴근시간 이후의 자투리시간을 활용할 수도 있고 주말을 이용해 프로슈머 마케팅에 관한 이해를 넓히고 사업을 전개할 수도 있다. 같은 이유로 전문직 종사자들이나 자영업자들도 얼마든지 프로슈머 마케팅에 참여할 수 있다. 두 가지 일을 병행하다 보면 하나도 제대로 못한다고 하면서 다른 부업을 찾아다니는 사람들이 있다면 프로슈머 마케팅을 유력한 대안으로 검토해볼 필요가 있다. 시간을 투자한 것에 비해서 장기적으로 볼 때 이보다 만족할 만한 보상이 주어지는 부업도 없을 것이다.

다만 한 가지 유념할 사항이 있다. 부업과 본업을 혼동하면 안 된다는 것이다. 과거 적지 않은 직장인들이 본업을 가지고 있으면서 프로슈머 마케팅 사업을 너무 쉽게 판단한 나머지 부업이 아닌 전업으로 전환하는 바람에 큰 낭패를 보았다. 프로슈머 마케팅은 결코 쉬운 사업이 아니다. 절대 호락호락하지 않으며 만만하게 보았다가는 큰

코 다치기 쉽다. 수입 또한 초기에는 생각처럼 기하급수적으로 늘어나지 않는다. 무릇 모든 사업이 그러한 것처럼 여러 차례의 시행착오와 시련 과정을 거치면서 사업 기반이 탄탄해진다. 그때까지는 절대 서두르지 말아야 한다. 선불리 전업으로 삼게 되면 마음만 초조해지면서 실적에 연연하게 되고, 그럴수록 사업을 그르칠 수 있음을 명심해야 한다.

그런데 지금은 달라졌다.
전통적으로 유통시장을 독점했던 유통업자들에게
도전장을 내민 새로운 주체가 등장한 것이다.
그들이 바로 프로슈머다. 그들은 기본적으로 소비자이면서
동시에 소비에 관한 정보를 생산하여 유통하는
정보 프로슈머이다.

3

프로슈머 마케팅의
가치와 비전

입소문 잘 내면 돈이 된다

앞서 언급한 대로 프로슈머 마케팅은 여러 형태의 유통방식 중에서 직접판매로 분류할 수 있다. 직접판매는 중간의 유통단계들을 거치지 않고 판매원을 통해 직접 소비자에게 전달되는 방식이다. 특히 프로슈머 마케팅은 직접판매 중에서도 판매원이 따로 존재하기보다는 프로슈머가 판매원과 소비자의 역할을 동시에 맡는 독특한 형태를 취한다. 더욱 중요한 사실은 프로슈머 마케팅은 제품을 판매하는 것이 사업의 주된 목적이 아니라 주변의 가까운 지인들에게 제품을 소개하고 사업과 관련한 정보를 제공해주는 방식으로 애용자를 늘

리거나 사업자를 후원하는 사업방식이라는 점이다. 따라서 프로슈머 마케팅의 본질은 사업자 후원이며, 제품 판매는 극히 예외적인 행위라고 볼 수 있다.

프로슈머 마케팅은 사업자를 후원하는 방식에서 전통적인 홍보나 광고와는 차별화되는 전략을 구사한다. 우리는 흔히 광고를 떠올릴 때 엄청난 광고비를 들여 언론매체를 이용하는 방법을 생각한다. 그러나 프로슈머 마케팅은 구전(입소문)광고를 통해 제품을 알리고 정보를 공유한다. 이와 같은 입소문광고는 사업자나 애용자들 사이에 입에서 입으로 전해지면서 퍼져나간다. 게다가 오늘날 SNS를 비롯한 소셜 네트워크의 도움으로 입소문광고의 파급효과는 예전과 비교할 수 없을 만큼 위력적이다. 최근 감각이 뛰어난 프로슈머들은 마케팅에 소셜 미디어의 장점을 최대한 활용하여 '인플루언서Influencer'로서의 역할을 톡톡히 해내고 있다. 미국의 경제전문지 《포브스》에 따르면 밀레니엄 세대 중 약 85퍼센트가 전통적인 광고에 대한 믿음을 잃고 있으며, 갈수록 소셜 미디어 인플루언서를 더 선호한다고 분석했다.

프로슈머 마케팅은 이처럼 입소문광고를 마케팅에 접목시켜 수입을 창출하는 구조로 되어 있다. 특히 소셜 미디어를 활용해 입소문광고를 할 경우 정보전달 효과는 극대화될 수 있다. 그렇게 되면 입에서 입으로 정보 전달을 통해 수입을 창출하는 프로슈머 마케팅의 특성상 더 많은 수입을 얻기 위해 사람들은 더욱 더 적극적으로 정보를 전달하려고 할 것이다. 프로슈머 마케팅은 이런 구전광고 효과를 유통에 가장 잘 활용하고 있는 마케팅 방식이다. 프로슈머 마케팅은 광고비를 들이지 않는 대신 구전광고를 통하여 매우 충성스런 고객을 확보하기에 가장 유리한 사업인 것이다.

하지만 현행 방문판매법에서는 여전히 '다단계판매'라는 용어를 사용하고 있기 때문에 대다수의 사람들은 이 사업을 마치 사람들을 강제로 끌어들여 물건을 강매하도록 하는 사업쯤으로 인식하는 경향이 있다. 그렇지 않다. 거듭 말하지만 프로슈머 마케팅의 본질은 '판매사업'이 아니라 '후원사업'이다. 물건을 파는 사업이 아니라 자가소비를 통하여 자발적으로 매출이 일어나도록 후원하는 것이 사업의 본질이다.

손에 손잡고

프로슈머 마케팅은 입소문을 통한 효과적인 후원이 핵심이기 때문에 사업자와 사업자가 지속적으로 도움을 주고받는 것이 중요하다. 선임 사업자는 후임 사업자의 성장을 위해 평생 도움 주는 것을 아끼지 않는다. 스폰서가 파트너를 후원하고, 다시 그 파트너가 스폰서가 되어 다른 파트너를 후원하는 식으로 마케팅이 전개되기 때문이다. 프로슈머 마케팅은 누군가로부터 도움을 받고, 다시 누군가에게 도움을 줘야 성장하고 발전할 수 있는 사업이다. 아낌없이 주는 나무처럼 아낌없이 나눠줘야 그 보상으로 내가 혜택을 되돌려 받을 수 있는 매우 가치 있는 사업인 것이다.

누구에게 무언가를 나눠주기 위해서는 먼저 내가 가지고 있어야 한다. 그것은 제품에 대한 정보는 말할 것도 없거니와 프로슈머 마케팅에 참여할 경우 미래의 삶에 어떤 변화가 올 것인지 명확한 비전을 제시해주는 것도 포함된다. 그러기 위해서는 내가 먼저 준비된 사업자가 되어 있어야 한다. 이 사업을 통해 내가 먼저 변화되는 모습을 보여줄 때 내가 전하는 정보에 그만큼 무게감이 실린다. 따라서 그룹의 교육 시스템을 통하여 부지런히 배우고 공부하며 견문을 넓혀 실력을 연마해야 한다. 끊임없는 자기계발이 선행되지 않으면 실력을 갖춘 큰 리더로 성장하기 어렵고 존경 받는 사업자가 되기도 요원하다.

그러므로 프로슈머 마케팅에서 괄목할 만한 성과를 내는 리더들은 가장 먼저 자신의 삶에 많은 변화가 생긴다. 과거와는 다른 라이프스타일을 직접 보여줌으로써 솔선수범하는 자세를 갖고 있으며, 거드름을 피우거나 거만하게 행동하는 것과 같은 경솔한 태도를 취하지 않는다. 이 사업은 자신이 먼저 인격적으로 성숙하지 못하면 파트너들로부터 절대 신뢰를 받을 수 없으며, 결국 사업 또한 터덕거릴 수밖에 없다. 먼저 좋은 인품을 갖춘 사람이 되어야 비즈니스에서도 성공하는 것이 프로슈머 마케팅이다.

과거 일부 경솔한 사업자들은 이 사업에 동참하지 않으면 마치 시대에 뒤떨어진 사람이거나 미래를 준비하지 않는 사람인 것처럼 치부해서 상대를 불쾌하게 만드는 경우들도 있었다. 존중받는 리더가 되고 싶으면 내가 먼저 상대방을 존중해야 하는 것이 비즈니스의 기본 에티켓임을 잊지 말아야 한다. 프로슈머 마케팅은 뛰어난 비즈니스 감각을 지니는 것도 중요하지만 그전에 먼저 고매한 성품과 겸손한 태도 그리고 파트너를 존중하고 배려하는 따뜻한 마음을 지녀야 훌륭한 리더로 성장할 수 있다.

따라서 리더의 자질이 뛰어날수록 그가 후원하는 그룹의 구성원들이 사업의 본질을 잘 이해하고 좋은 성과를 올린다. 상위 사업자로부터 평생 동안 후원과 도움을 받고, 다시 하위 사업자에게 내가 아낌없이 후원과 도움을 줌으로써 모두가 상부상조할 수 있는 현존하는 거의 유일한 사업이 프로슈머 마케팅이다. 이 사업은 남을 도울수록 내가 성장하고 도약하는 독특한 사업이다. '나 홀로 사업'이 아니라 손에 손을 잡고 '더불어 함께하는 사업'이 프로슈머 마케팅인 것이다.

인내의 터널을 통과하라

프로슈머 마케팅은 '속도전速度戰'이 아니라 '지구전持久戰'이다. 사업을 빠른 속도로 진행한다고 해서 결코 유능한 사업자가 되는 것은 아니다. 왜냐하면 프로슈머 마케팅은 100미터 단거리 경주가 아니라 42.195킬로미터를 달려야 하는 장거리 경주이기 때문이다. 단기적인 성과를 올리기에 급급한 나머지 과속을 하다가 금방 지쳐서 레이스를 포기해버리는 사업자들이 비일비재하다. 이들의 공통점은 조급함이다. 뿌리를 내리고 기초를 탄탄히 다질 생각은 하지 않고 위로 성장할 생각만 하고 있으니 바람이 조금만 세게 불어도 금방 쓰러지고 만다.

프로슈머 마케팅은 사업자 그룹을 구축하는 것이 생명이다. 안정된 그룹이 만들어지기까지는 적지 않은 시간과 노력을 투자해야 한다. 그렇게 해도 일정 기간이 지날 때까지는 좀처럼 성과가 보이지 않는다. 이 기간이 사업의 성패를 가르는 시기다. 어둡고 답답한 '인내의 터널'을 잘 통과해야 비로소 빛을 볼 수 있다. 인내의 터널을 통과하는 데 걸리는 시간은 사업자마다 다르다. 어떤 사업자는 1년, 2년 만에 통과하는 경우도 있고, 어떤 사업자는 5년 이상의 시간이 걸리기도 한다. 중요한 것은 시간의 길이가 아니다. 얼마나 촘촘한 그룹을 이루고 있느냐다.

이때 보이지 않는 힘으로 작용하는 것이 이 사업에 대한 인식이다. 프로슈머 마케팅을 단지 돈이 되는 사업쯤으로 여기고 임하는 사업자들은 의외로 오래가지 못한다. 마음속에 파트너들을 돈을 벌기위해 이용해먹을 사람들로 생각하기 때문이다. 그런 얄팍한 상술로후임 사업자들을 대하면 얼마 가지 않아 그런 속내를 금방 들키게된다. 신뢰를 상실한 사업자는 아무리 옳은 이야기를 해도 상대방에게 잘 먹히지 않는다. 그런 마인드를 가지고 사업에 임하는 것은 실패로 가는 지름길이다.

프로슈머 마케팅에서 성공하기 위해 가장 먼저 해야 할 일은 인생과 비즈니스가 한 방향으로 나아갈 수 있도록 삶과 사업을 관통하는사명을 분명히 인식하는 것이다. 사업에 임하는 사명이 내가 살아가고자 하는 인생의 사명과 일치할 때 비즈니스는 탄력을 받는다. 사명감 없이 사업에 임하면 조금만 어려운 난관에 봉착해도 쉽게 좌절하고 포기해버리기 쉽다. 그러나 분명한 사명을 가지고 임하면 아무리큰 어려움에 직면해도 기어이 극복해야 할 분명한 이유가 있기 때문에 그 고비를 이겨나갈 수 있다. 프로슈머 마케팅에서 성공한 사업자들 치고 그런 험난한 과정을 거치지 않은 리더는 없다. 성공은 늘 인내 저 너머 어딘가에 있기 마련이다.

2019년 7월 공정거래위원회가 발표한 자료에 따르면 2018년 현재네트워크 마케팅 회사에 회원으로 등록한 사람들의 수가 903만 명이다.[13] 이들 중에서 후원수당을 받은 사업자들은 156만 명에 달했다. 약 1만 명의 사업자들은 연간 3,000만 원 이상의 후원수당을 받았다. 그리고 그 중 2,000명 이상의 상위 사업자들은 연봉 1억 원 이상의 후원수당을 받은 것으로 조사되었다. 이 수치는 많다면 많을 수도, 적다면 적을 수도 있다. 하지만 900만 명 이상이 사업자나 소비자로 등록되어 있다는 것은 경제활동이 가능한 성인인구 4명 중 1명이 프로슈머 마케팅에 관여하고 있다는 추론이 가능하다. 이것은 결코 적은 숫자가 아니다.

그럼에도 이 사업을 본격적으로 시작해서 왕성하게 활동하는 사업자들은 아직 그리 많지 않다. 프로슈머 마케팅은 여전히 블루오션이라고 할 수 있다. 이들은 프로슈머 마케팅의 가치를 먼저 이해하고 묵묵히 그 길을 걸어가는 사람들이다. 프로슈머 마케팅은 우리 사회에 엄연히 존재하는 합법적인 사업이며 누구나 참여가 가능한 특별할 것도 없는 사업이다. 모든 사업이 다 그렇듯이 프로슈머 마케팅 또한 나름의 장점도 있고 단점도 있는 유통업의 한 형태에 속한다. 다만 아직은 상당수 사람들이 오해와 편견에 가려 이 사업의 가치를 제대로 발견하지 못하고 있을 뿐이다. 동이 트면 날이 점점 밝아지는 것처럼 이런 오해와 편견은 시간이 갈수록 풀릴 것으로 기대한다.

알면 알수록 매력이 넘쳐

일반적인 기업의 시스템을 보자. 기업의 규모와 상관없이 회사 조직은 크게 사장과 직원으로 구성된다. 이때 사장은 직원들이 열심히 일해서 벌어들인 수입 중에서 직원들에게 약속한 급여를 지급하고 남은 수입을 자신의 몫으로 가져간다. 그렇다고 해서 사장이 직원들의 몫을 빼앗아갔다고 말하는 사람은 아무도 없다. 프로슈머 마케팅에 종사하는 마케터 역시 사업을 하는 사장이다. 자신이 만든 소비자 네트워크의 오너로서 구축한 시스템에서 발생한 후원수당을 비롯한 보수를 노력한 만큼 가져간다. 너무나 당연한 보상이다.

이와 같은 수입은 아무런 공력도 들이지 않고 거저 주어지는 것이 아니다. 상당히 많은 시간 동안 땀과 노력을 투자해 소비자 네트워크를 구축하고 효과적으로 관리한 대가로 따라오는 것이다. 더욱이 매력적인 것은 여기서 발생하는 수입은 노력에 비례하는 것이 아니라 '시간 복제'를 통해 투자한 노력보다 훨씬 더 큰 수익으로 보상을 받는다는 것이다. 또한 소비자 네트워크가 안정적으로 구축되고 나면 일정 수준 이상의 수입이 지속적이고 점증적으로 발생한다는 것도 큰 매력이 아닐 수 없다.

그러므로 프로슈머 마케팅이 사람들을 돈벌이 수단만으로 이용하는 부도덕한 사업이라는 생각은 대단히 잘못된 오해이자 편견이다.

회사를 설립하고 직원들을 고용해 사업을 하는 것이나 소비자 네트워크를 구축하고 하위사업자들을 지속적으로 후원하고 관리하여 매출을 일으키는 것이나 사업의 방법만 다를 뿐이지 원리는 하나도 다를 바가 없다. 물론 일부 사업자들의 경우 눈앞의 이익에만 눈이 멀어 하위사업자들을 악용하는 사례도 있긴 하지만, 그런 악덕 사업자들은 비단 프로슈머 마케팅뿐만 아니라 세상 어디에도 다 존재하는 법이다.

2019년에 공정거래위원회가 공개한 사업자들의 후원수당 내역을 살펴보면 흥미로운 사실 몇 가지를 접할 수 있다. 더 자세히 언급하자면 2,039명의 사업자들이 1억 원 이상의 후원수당을 받는 억대 연봉자들이었다. 3,000만 원 이상의 후원수당을 받는 사업자들의 수는 9,756명이었다. 약 1만 명의 사업자들이 연봉 3,000만 원 이상을 받고 있었다. 2018년에 후원수당을 지급받은 사업자들은 156만 명으로 판매원 1인당 연간 평균 114만 원을 지급받았다. 후원수당을 지급받은 156만 명을 대상으로 분석한 결과, 상위 1퍼센트 미만에 속하는 사업자들(15,593명)이 2018년에 지급받은 후원수당은 평균 6,289만 원이었고, 나머지 99퍼센트 사업자들(약 155만 명)이 받은 후원수당은 평균 52만 원인 것으로 나타났다.

매년 공정거래위원회가 네트워크 마케팅 회사들의 전년도 실적을 공개할 때마다 예외 없이 거론되는 말이 있다. 네트워크 마케팅 사업을 하는 사람들의 월평균 후원수당이 5만 원 정도밖에 안 된다는 언론의 보도가 그것이다. 심지어 절대 다수의 사람들은 수당이 한푼도 없는 제로라는 식으로 기사를 작성하는 언론기관도 있다. 회원으로 등록한 사람들 중에는 직접 사업을 하기보다는 제품이 좋아서 애용하는 소비자들이 상당수 포함되어 있다는 사실은 전혀 언급하지 않는다. 이런 언론 보도를 접한 사람들은 대부분 네트워크 마케팅은 수입이 형편없는 사업이라고 치부해버리기 쉽다.

그런데 매출액 대비 후원수당의 의미를 한번 잘 생각해보자. 월평균 후원수당이 5만 원이라면 매출액 대비 후원수당 지급 비율 최고 35퍼센트를 감안했을 때 월평균 매출액은 대략 14만 원이라는 추정이 가능하다. 이는 사업자들이 월평균 14만 원의 매출을 올리고 후원수당으로 5만 원을 가져간다는 것을 의미한다. 매출액 14만 원 대비 5만 원의 수당은 결코 적은 돈이 아니다. 오히려 대단하지 않은가? 14만 원 소비했다고 5만 원을 수당으로 지급하는 사업이 세상 어디에 또 있단 말인가? 한마디의 말과 한 줄의 글이 때론 사람을 살리기도 하고 죽이기도 한다고 했다. 언론계는 생각 없이 무책임하게 쓰는 기사 하나가 성실하게 사업에 임하는 사업자들에게 엄청난 상처를 주는 것임을 잊지 말아야 한다.

벽을 넘어서 기회의 땅으로

시간이 흘러 10년 후인 2030년이 되면 프로슈머 마케팅은 어떤 모습일까? 지금보다 흥할까 아니면 쇠할까? 미래 예측은 늘 조심스럽다. 자칫 잘못했다간 바보 취급받기 십상이기 때문이다. 그럼에도 사람들은 항상 미래에 대해 알고 싶어 한다. 프로슈머 마케팅에 대한 전망 또한 그러하다. 10년 후 미래가 지금보다 더 희망적일 때 사람들은 그 일에 관심을 갖는다. 반면 비관적인 전망이 우세할 때 사람들은 관심을 다른 곳으로 돌린다.

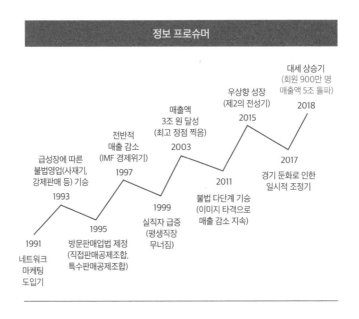

필자는 프로슈머 마케팅의 미래를 밝게 본다. 위의 그래프가 이를 보여주고 있다. 그동안 여러 차례의 우여곡절과 시행착오를 겪는 과정에서 프로슈머 마케팅은 단단한 맷집을 기르고 충분한 내공을 쌓아왔다. 무턱대고 덤벼든 선량한 사람들에게 경제적 고통과 정신적 상처를 안겨주기도 했지만, 수많은 사람들에게 새로운 희망과 기회의 창문을 열어주기도 했다. 그 과정에서 소비자 피해를 줄이기 위한 제도적 장치도 속속 마련되고 있으며, 업계의 리더들 역시 과거에 비해 훨씬 준비된 사업자들로 세대교체를 이루고 있다.

프로슈머 마케팅을 바라보는 주변의 시선도 예전에 비해 몰라보게 달라졌다. 우리 사회의 다양한 전문직 종사자들도 이 사업에 관심을 갖고 참여하고 있으며, 젊은 세대 역시 열린 마음으로 사업적 기반을 다져나가고 있다.

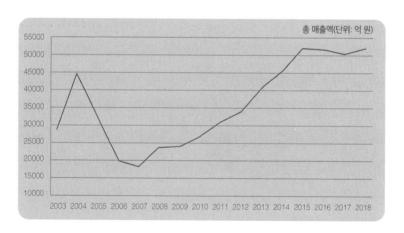

위의 그래프는 지난 2003년에서 2018년 사이 한국 네트워크 마케팅 총매출액의 추이를 보여주고 있다. 2004년 정점을 찍었다가 2005~2007년 제이유네트워크를 비롯한 불법 마케팅이 철퇴를 맞으면서 최대 위기를 맞기도 했다. 하지만 이런 자체 정화과정을 거치면서 2008년 이후 다시 회생을 시작한 프로슈머 마케팅은 2018년 총매출액이 5조 2,200억 원으로 사상 최대 실적을 올렸다. 향후 프로슈머 마케팅은 급속한 성장보다는 안정적인 성장세를 보일 것으로 전망된다. 시간이 지나면서 성공한 사업자들의 수가 늘어날수록 무관심 내지 관망하던 사람들도 관심을 가지고 직접 참여하는 방향으로 분위기가 선회할 것이다.

어쩌면 향후 10년이 한국에서 프로슈머 마케팅이 중흥하는 시기가 될지도 모른다. 4차 산업혁명으로 인해 일자리를 비롯하여 사람들의 삶에 많은 변화가 불가피한 상황에서 과거와는 다르게 살지 않으면 안 되겠다는 위기의식이 스스로 변화를 주도하게 하는 견인차 역할을 하고 있다. 그렇게 될 때 이 사업은 더 많은 사람들이 마음의 문을 열고 전향적으로 검토하기에 매우 유리한 비즈니스가 될 것으로 기대된다. 내가 하고 있는 소비습관이 일반적인 소비와 어떻게 다른지 정보를 전달하고 그 가치를 이해한 사람들이 나와 같은 방식으로 소비생활을 즐길 수 있도록 적극적인 역할을 수행하는 것만으로도 그에 합당한 보수가 주어지는데 굳이 마다할 사람이 어디 있겠는

가. 다만 주변의 곱지 않은 시선이나 본인의 고정관념 때문에 망설이는 사람들이 있을 뿐 그 벽을 깨버리면 아무것도 아닌 매우 자연스런 경제활동이 될 것이다.

프로슈머 마케팅에서 성공하기 위해

가장 먼저 해야 할 일은 인생과 비즈니스가

한 방향으로 나아갈 수 있도록 삶과 사업을 관통하는

사명을 분명히 인식하는 것이다.

사업에 임하는 사명이 내가 살아가고자 하는 인생의 사명과

일치할 때 비즈니스는 탄력을 받는다.

— 4부 —

시간적 자유를
찾아서

◇1◇
인생의 전환점

인생 3낙

이제까지 우리는 '최경자'에 대해 이야기했다. 최소한의 경제적 자유를 추구하기 위해 무엇을 어떻게 해야 할 것인지에 대해서도 언급했다.

이제는 '정하일'에 대해 알아볼 차례가 되었다. 정말 하고 싶은 일은 언제 가능할까? 돈만 있으면 다 되는 것일까? 경제적 자유만 이루면 정말 하고 싶은 일을 마음껏 할 수 있을까? 물론 그럴 수도 있을 것이다. 하지만 반드시 그렇지만은 않다. 하고 싶은 일을 하기 위해서는 무엇보다도 그 일을 자유롭게 할 수 있는 시간을 확보해야 하기 때문이다.

여기서 정말 하고 싶은 일을 한다는 것은 돈과 바꾸는 일을 더 이상 하지 않아도 된다는 것을 의미한다고 앞에서 강조한 바 있다. 정말 하고 싶은 일이란 돈이 되는 일이 아니라 인생에서 진정으로 누리고 싶은 시간적 자유를 만끽할 수 있는 일이어야 한다. 그것은 사람마다 다를 것이다. 또한 같은 사람일지라도 젊은 시절에 생각했던 것과 나이가 들었을 때의 생각이 서로 다를 것이다. 그럼에도 필자가 생각할 때 시간적 자유를 누리기 위해서 빠질 수 없는 세 가지가 있다고 본다. 독서와 취미와 여행이 그것이다. 이것을 '인생 3낙樂'이라고 부르고 싶다. 인생을 살아갈 때 꼭 챙겨야 할 세 가지 즐거움이라는 의미다.

첫 번째는 시원한 나무그늘 아래 누워 불어오는 바람을 벗삼아 책을 읽는 것이다. 어느 전망 좋은 카페에 앉아 향긋한 커피 향과 함께 책 속의 진리에 푹 빠져보는 것이다. 제법 낭만적이지 않은가? 누구라도 이런 삶을 살고 싶어 하지 않을까? 그러나 현실은 그리 녹록치 않다. 왜 그럴까? 무엇보다 시간이 없어서 그렇다. 바빠서 시간을 내지 못한다. 책을 읽을 시간이 있으면 차라리 그 시간에 다른 것을 하는 것이 낫다고 생각하니까 그렇다. 그 결과는 참담하다. OECD 국가들 중에서 독서량이 최하위권에 속한다. 씁쓸하고 안타까운 현실이다.

알고 보면 책을 읽는 것만큼 아름다운 삶도 없을 것이다. 왜 그럴까? 책 한 권을 사는 데는 대개 1, 2만 원이면 된다. 그런데 그 한 권의 책 속에는 저자의 영혼이 깃들어 있다. 1,000년 전, 아니 2,000년 전부터 인류의 삶을 위대하게 만들었던 모든 성인들의 영혼이 그 안에 담겨 있다. 그들의 훌륭한 철학과 삶의 지혜가 책 속에서 살아서 꿈틀거린다.

세상에서 가장 가성비가 좋은 것이 책이다. 그런데 우리는 그것을 외면하고 산다. 그렇기에 우리의 영혼은 더욱 가난해진다. 책이야말로 내 영혼을 살찌우는 가장 좋은 방법이라고 확신한다. 그런데 한국 사람들은 무엇이 그리 바쁜지, 무엇이 그리도 할 일이 많은지 지독하게 책을 읽지 않는다. 책 읽는 즐거움을 만끽할 수 없다면 우리는 진정으로 시간의 자유를 누리고 있다고 말하기 어려울 것이다. 책 읽는 즐거움에 빠져들면 들수록 더욱 빠질 수밖에 없는 중독성을 지닌 것이 독서이기 때문이다. 그래서 나는 독서를 인생 3낙 중 하나라고 확신한다.

두 번째는 취미다. 취미야말로 나를 살아있게 만들고 내 가슴을 뛰게 하는 역동성 넘치는 활동이다. 취미생활은 여유가 없으면 하기 어렵다. 경제적 여유는 말할 것도 없거니와 시간적 여유가 없으면 지속하기 어렵다. 지금 어떤 취미생활을 하고 있는가? 하고는 싶은데 못하고 있는가? 그렇다면 그 이유는 무엇인가? 뭐니 뭐니 해도 역시 시간이 걸림돌이다. 취미는 내 삶을 살찌우는 또 하나의 아주 중요한 활동임을 잘 알지만 문제는 시간을 내지 못한다는 것이다.

죽기 전에 꼭 해보고 싶은 취미활동이 있는가? 그렇다면 그것은 언제 하는 것이 좋을까? 나중으로 미루는 것은 하지 않겠다는 것과 다를 바 없다. 취미생활을 하고 싶거든 지금 바로 시작하는 것이 좋다. 여건이 좋아지기를 기다렸다가는 영영 그런 날이 오지 않을지도 모른다. 내가 짬날 때마다 재미를 붙이고 있는 취미는 우쿨렐레를 연주하는 것이다. 아직은 초보 수준을 크게 면치 못했지만 개인적으로 우쿨렐레가 기타보다 더 재밌다. 우선 배우기가 더 쉽고 악기 소리 또한 귀엽고 앙증맞아 마음에 든다.

이것을 취미로 삼는 이유가 또 있다. 내가 지금 있는 이 자리에 영원히 머무를 수 없다. 곧 은퇴를 하고, 70이 되고 80이 될 것이다. 그때 내 주변의 소외된 이웃들, 힘들고 어렵게 사는 분들의 곁에 다가가서 함께 공감하고 그분들에게 조금이라도 보탬이 될 수 있도록 사는 것이 앞으로의 소망이다. 우쿨렐레는 내 소박한 소망을 가능하게 해주는 좋은 벗이 되어줄 것이라고 믿는다. 소외된 이웃을 찾아가 우쿨렐레를 연주하면서 그들과 함께하고 싶다. 취미생활이 빠진 삶은 메마르고 건조하기 쉽다. 어떤 취미도 좋으니 시간을 내어 즐길 수 있는 취미활동을 하는 것 역시 인생의 세 가지 즐거움 중 하나일 것임에 틀림없다.

마지막 세 번째는 여행이다. 여행은 누구나 가장 원하는 로망 중 하나일 것이다. 세상에 여행보다 사람의 마음을 더 들뜨고 설레게 하는 것이 또 있을까. 2019년 1월에 15일 일정으로 쿠바를 여행했다. 평소 흠모했던 체 게바라의 발자취를 따라다녔고, 가난하지만 늘 웃음을 잃지 않고 사는 쿠바인들의 삶을 들여다보았다. 쿠바에서 직접 만나보니 그들은 주어진 하루하루의 삶을 정말 낙관적으로 살아가고 있었다. 내일보다는 오늘 그 자체를 즐기고 있었다. 그들은 음악이 나오면 흥겨워서 어쩔 줄 몰라했다. 저절로 어깨를 들썩거렸고 자연스럽게 춤이 나왔다.

내가 못하는 것 중 하나가 춤이다. 거의 몸치에 가깝다. 쿠바 여행을 떠나기 전부터 가장 긴장하고 걱정했던 것이 춤이었다. '쿠바에 가면 사람들이 다 살사춤을 춘다는데 나는 어떻게 하지?' 그래서 쿠바에 도착한 첫날 다섯 시간 동안 '특수교육'을 받았다. 살사춤을 배운 것이다. 그리고 거리에 나섰다. 그랬더니 희한하게 내 몸도 움직이는 것이 아닌가.

그 후 나는 춤에 대해 조금은 자신감(?)이 생겼다. 무조건 피하려고 하기보다는 '피할 수 없으면 즐기라'는 쪽으로 생각이 달라졌다. 짧다면 짧은 여행이었지만 나는 들어간 비용보다 몇십 배의 많은 것들을 쿠바여행에서 얻었다. 그리고 평생 동안 쿠바여행의 많은 것들은 내 삶을 살찌울 것이다.

그런데 여행을 가고 싶어도 못 가는 경우가 많다. 왜? 15일간의 시간을 내지 못해서다. 왜 못 낼까? 시간이 없어서 그렇다. 돈이 없어서 그렇다고? 여행은 돈이 있어도 시간을 못 내면 안 된다. 15일 동안의 시간을 내기가 정말 어렵다. 그래서 시간적 자유라는 것은 내가 여행 가고 싶을 때 언제든 떠날 수 있는 것을 의미한다. 독서와 취미와 여행은 인생의 세 가지 즐거움에 틀림없다. 이 세 가지 즐거움을 누리면서 사는 삶이야말로 참 멋진 삶이 아니겠는가?

인생의 시곗바늘

한국인의 평균수명이 어느새 80을 넘어 90을 향해 가고 있다. 인생 80년을 하루 24시간에 비유하면 흥미로운 점을 발견할 수 있다. 태어나서 10살이면 새벽 3시에 해당한다. 20살이 되면 이른 아침 6시인 셈이다. 30살이라면 오전 9시가 되었다는 의미다. 그렇게 볼 때 40살은 낮 12시 정오에 해당한다. 다시 50살이 되면 오후 3시를 가리킨다. 나이 60의 의미는 저녁 6시라는 뜻이다. 이윽고 70살은 밤 9시가 되었다는 것이다. 그리고 마침내 80살이 되면 자정이 되어 다시는 깨어나지 않는 영면에 들게 된다.

그렇다면 지금 나는 인생시계의 몇 시 몇 분을 지나고 있는 것일까? 나는 지금 내 인생의 24시간 시곗바늘 속에서 몇 시 몇 분에 서 있는 것일까? 내 나이가 35살이라면 10시 30분을 지나고 있는 셈이 다. 45살이면 오후 1시 30분이다. 55살인 경우엔 오후 4시 30분쯤 될 것이다. 65살은 저녁 7시30분에 해당한다. 이런 방식으로 계산하면 지금 내 나이가 몇 살이니까 '내 인생의 시곗바늘은 몇 시 몇 분을 가 리키고 있겠구나' 하고 어림잡아 짐작할 수 있다.

그런데 여기서 정작 중요한 것은 내 나이가 지금 몇 시 몇 분을 가 리키고 있느냐가 아니다. 지금 이 나이가 '인생에서 무엇을 할 때냐' 라는 것을 인지하는 것이 더 중요하다. 가령 20대가 되었다는 것은 이른 아침 6시가 되었으니 이제 그만 잠자리에서 일어나 하루를 시 작하기 위한 준비를 하라는 의미다. 세수를 하고 아침식사를 한 다음 잘 단장하고 오전 일과를 시작할 만반의 준비를 하는 시간이 20대다. 인생에서 20대의 의미는 편안한 침대를 박차고 일어나 정신적인 성 장을 시작하라는 것이다. 인생을 본격적으로 시작하라는 것이 20대 인 것이다.

30대의 삶은 어떤 의미일까? 오전 9시가 되었으니 본격적인 오전 일과를 열심히 해야 하는 시기가 30대다. 어쩌면 30대야말로 인생에 서 가장 왕성하고 열정적으로 살기에 최적의 나이인지 모른다. 때로 는 시행착오도 겪고 좌절도 경험하겠지만 다시 일어나 앞으로 나아 가기에 더없이 좋은 시절이 30대가 아닐까 한다. 그렇다면 40대는 어떤 시기일까? 오전을 열심히 살았으니 점심도 먹고 잠깐 휴식도 취하면서 오후 일과를 시작하는 나이가 40대 아니겠는가. 인생에서 40대는 계절로 따질 때 늦은 여름을 지나 초가을로 들어서는 문턱에 해당하는 나이다. 뜨거운 여름의 태양 아래서 오곡백과가 튼실하게 익어가기 시작하는 계절이 40대이다.

이윽고 50대에 접어들면 시계가 오후 3시를 가리킨다. 오후 3시에 해가 어디에 떠 있는가? 중천에 떠 있을 때가 아닌가? 이 시간은 하루 중에서 오후 3시 이전에 못했던 것들이 있거든 지금부터 시작해도 늦지 않았다는 의미를 내포하고 있다. 오후 6시가 되어 60살에 이르기 전까지 부지런히 활동하기에 아주 적합한 시간이 50대의 10년이다. 마침내 60대가 되어 이른 저녁 6시가 되면 서서히 해가 기울려고 한다. 물론 한여름에는 오후 6시가 되어도 해가 지려면 아직 먼 시간이다. 그렇다면 60대의 의미는 무엇일까? 하루 중에 가장 재미있고 행복한 시간이 바로 이 시간이다. 저녁시간은 하루를 열심히 달려왔으니 이제 일은 그만하고 만나고 싶었던 소중한 사람들과 어울려 즐겁고 오붓한 시간을 가지라는 뜻이 담겨 있는 시간이다. 가족이나 친구나 지인들과 함께 저녁식사를 하면서 담소도 나누고 느긋한 시간을 만끽하라는 것이 60대이다.

그러니 나이 탓할 필요 없다. 내가 지금 20대든 30대든, 40대든 50대든, 아니 60대든 다 나름의 소중한 인생의 의미가 담겨 있는 것이 현재의 내 나이다. 지금의 내 나이가 인생에서 어떤 의미를 말해주고 있는지 성찰하고 주어진 삶을 한껏 누리면 된다. '내 나이가 벌써 40대 중반인데 10년만 젊었더라면 무엇이든 다 할 수 있을 텐데' 하는 후회 따윈 할 필요 없다. 지금부터 시작해서 못할 일이 무엇이란 말인가. '아이고, 내가 40대 중반에만 시작했더라도 지금 50대 중반에 잘나가는 사람이 되어 있을 텐데' 하고 탄식할 필요도 없다. 그런 후회와 탄식할 시간에 차라리 지금부터 무언가 시작하라. 그렇지 않으면 10년 후에 또 같은 말을 되풀이하며 여전히 후지게 살고 있는 자신을 발견할지 모른다.

제발 나이 탓하지 마라. 지금부터 못할 게 무엇인가? 지금 내 나이야말로 인생에서 가장 황금기다. 그 황금기를 황금기답게 인식하고 행동에 옮겨라. 그것이 내 나이가 나에게 말해주는 무언의 진리다. 그래서 일찍이 프랑스의 지성 장 폴 사르트르가 말하지 않았던가. "인생이란 태어나서 죽을 때까지 선택의 연속이다"라고. 나는 그 말만큼 간결하고 쉽지만 깊고 심오한 철학적 의미를 함축하고 있는 말을 이제까지 접하지 못했다. 정말이지 인생이라고 하는 것은 태어나서 죽을 때까지 선택의 연속이라고 생각한다. 우리네 삶은 선택 아닌 것이 없다. 바로 그러한 과거의 선택이 지금의 나를 만들었고, 또한 현재의 선택이 앞으로의 내 삶을 결정할 것이다.

인생선 위에 서서

여기 직선으로 표시된 '인생선_{人生線}'이 있다. 이 선의 왼쪽 끝에 태어난 연도를 적어보라. 그리고 오른쪽 끝에는 세상을 떠난 연도를 적어보라. 이렇게 멀쩡하게 살아있는데 죽은 연도를 어떻게 아느냐고? 그럼 좋다. 몇 살까지 살고 싶은지 그 나이를 연도로 환산해서 적어보라. 태어난 해와 죽은(?) 해를 적었으면 이제 이 인생선의 어딘가에 올해의 좌표를 찍을 수 있다. 올해가 내 인생선의 어디쯤 위치하고 있는지 점으로 찍어보라.

그런 다음 태어나서 올해까지 포물선을 하나 긋고, 또 올해부터 죽을 때까지 포물선을 하나 그어보라. 그러면 두 개의 포물선이 나올 것이다. 올해가 인생선의 딱 중간지점에 위치하지 않는 이상 두 포물선의 길이가 서로 다를 것이다. 젊은 나이일수록 오른쪽 포물선의 길이가 길 것이고, 나이가 많을수록 왼쪽 포물선의 길이가 길 것이다. 오른쪽 포물선이 긴 사람이라면 '아 — 나는 아직 많이 남았구나!' 하며 안도의 숨을 쉴 것이다. 그런가 하면 왼쪽 포물선의 길이가 훨씬 길수록 '아 — 얼마 안 남았네!' 하고 자기도 모르게 긴 한숨을 내쉴 것이다.

그러나 인생은 길이로 따지는 것이 아니다. 지미 카터 전 미국 대통령은 그의 저서 『나이 드는 것의 미덕』에서 나이가 몇 살이냐는 것과는 상관없이 스스로 나이가 들었다고 생각하는 순간부터 진짜 나이 드는 것이라고 말했다. "후회가 꿈을 대신하는 순간부터 인간은 늙기 시작한다"라는 그의 말은 언제 들어도 신선한 자극으로 다가온다. 그래서 세상에는 '나이 든 27살'이 있는가 하면, '젊은 72살'도 있는가 보다.

물론 나이는 절대 무시할 수 없다. 그러나 더 중요한 것이 있다. 바로 과거와 현재 그리고 미래라는 세 가지 시간을 어떻게 인식하고 어떻게 살아갈 것이냐 하는 문제다. 현재라고 하는 시간은 지금 만들어진 것이 아니다. 과거에서부터 지금까지 내가 무슨 생각을 하고 어떻게 행동했는가의 결과가 현재이다. 그것을 확인하기 위해 왼쪽 포물선 위에 '생각+행동'이란 글자를 적어보라. 또한 오른쪽 포물선 위에도 똑같이 '생각+행동'이라는 글자를 적어보라. 그러면 이제 현재라는 시간은 과거의 생각과 행동들이 누적되어서 이루어진 시간임을 알 수 있을 것이다. 마찬가지로 미래라는 시간은 과거가 그랬던 것처럼 현재의 생각과 행동들이 모이고 쌓여 이루어지는 시간임을 짐작할 수 있을 것이다.

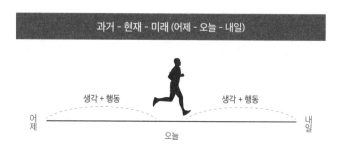

지금 살고 있는 모습을 보면 과거에 어떻게 살아왔는가의 답이 보인다. 이것은 누구도 부인할 수 없는 명백한 진실이다. 그것은 2020년이라고 하는 현재 속에는 내가 살아온 과거의 모든 흔적들이 들어있다는 것이다. 내가 과거에 생각하고 행동했던 모든 것들의 결과가 지금 현재가 되는 것이다. 이 말의 의미는 현재 내가 생각하고 행동하는 것들이 곧 미래가 된다는 이야기와도 같다. 따라서 미래는 오지 않은 것이 아니다. 지금 생각하고 행동하는 모든 것들이 결국 미래가 된다. 그러니 미래는 지금 이미 와 있다. 미래는 이미 시작된 것이다.

어제, 오늘 그리고 내일

10년 전부터 지금까지 살아왔던 모든 생각과 행동들이 모여서 내 현재가 된 것처럼, 지금 생각하고 행동하는 모든 것들이 쌓여서 마침내 10년 후의 내가 된다. 만일 지금 하고 있는 이야기가 너무 막연하고 먼 미래라고 느껴진다면 다시 이렇게 생각해볼 수도 있다. 시간을 극도로 압축시켜서 과거와 현재와 미래를 어제와 오늘과 내일이라는 시간으로 축소해보는 것이다. 다시 한 번 인생선을 하나 그려보자. 그리고 왼쪽과 오른쪽 끝에 각각 '어제'와 '내일'이라는 글자를 적어보라. 그다음 그 사이에 오늘을 표시해보라. 이제 마지막으로 어제와 오늘 사이를 포물선으로 연결하고, 오늘과 내일 사이에도 포물선을 그어보라.

오늘이라고 하는 시간은 어떤 시간인가? 어제부터 내가 생각하고 행동해왔던 결과가 지금의 나를 만들었다. 이를 테면 오늘 오전 10시에 발표해야 할 프레젠테이션이 있다고 해보자. 이 발표 자료를 지금 작성해서는 오늘 오전 10시에 제대로 발표할 수가 없다. 시간적으로 불가능하다. 발표 시한이 오늘인 것을 미리 알고 늦어도 어제부터 작성을 했어야 오늘 정해진 시간에 프레젠테이션을 차질 없이 발표할 수 있다.

마찬가지로 지금 이 책을 읽고 있는 것은 지금 갑자기 결정한 것이 아니다. 읽어야겠다고 미리 마음을 먹고 실행에 옮겼기 때문에 지금 이 책을 읽고 있는 것이다. 이렇듯이 과거의 생각과 행동이 오늘의 나를 만든다는 것은 어떤 상황에서도 바뀔 수 없는 진리다.

그렇다면 내일은 또 어떤 시간인가? 지금 내가 생각하고 행동하는 것이 곧 내일이다. 내일은 오지 않는 시간이 아니다. 내일은 이미 와 있다. 내일은 이미 시작되었다. 그게 오늘이다. 그런데 사람들은 오늘을 어제처럼 살면서 내일이 어제와는 달라지기를 바란다. 그런 내일은 없다.

내일이 어제와 달라지도록 살고 싶으면 그런 내일을 만들 수 있는 유일한 시간은 오늘이다. 오늘을 어제처럼 살지 말아야 비로소 내일이 어제와는 달라진다. 어제와 다른 오늘을 살지 않는 한 내일은 보나마나 어제와 다르지 않을 것이다.

그러므로 시간은 그저 흘러가는 대로 바라보는 것이 아니라 무언가로 채워가는 것이다. 전 생애를 놓고 볼 때 오늘 하루의 시간은 아주 작은 점들에 불과할지 모른다. 그러나 바로 그 보잘 것 없어 보이는 미약한 점들이 모여서 인생을 만든다. 오늘 순간순간의 작은 점들이 이어져 내일이 된다. 어제의 작은 점들이 끝없이 이어져서 오늘을 만든 것처럼 말이다.

때론 자랑스럽기도 했고 때론 부끄럽기도 했던 어제라는 시간의 모든 점들이 모여서 오늘의 내가 존재하는 것이다. 마찬가지로 내가 오늘을 살면서 순간순간 찍고 있는 점들이 내일의 내가 되리라. 오늘을 부끄럽게 살면 내일이 부끄러워질 것이고, 오늘을 당당하게 살면 당당한 내일이 나타날 것이다. 내가 지금 이 순간에 찍고 있는 점들이 결국 내 미래를 결정한다.

이를 다시 확장해본다면, 현재를 과거처럼 살면서 미래가 과거와 달라지기를 기대하는 것은 헛된 망상에 불과할 뿐이다. 그런 사람에게 10년 후의 미래는 10년 전과 별반 달라지지 않을 것이다. 현재를 과거처럼 살고 있는데 어떻게 미래가 과거와 다를 수 있단 말인가. 다만 변하는 것이 한 가지는 있다. 그사이에 나이만 더 먹는 것이다. 삶의 내용은 과거나 미래나 그대로인 채 나이만 점점 더 늘어가는 것이다.

따라서 진정으로 내가 원하는 미래를 갖고 싶다면 현재를 바꿔야 한다. 현재를 과거처럼 살지 말아야 한다. 과거와 다르게 현재를 살아야 비로소 미래가 바뀐다. 미래는 미래에 가서는 바뀌지 않기 때문이다. 미래를 바꿀 수 있는 유일한 시간은 현재이기 때문이다. 내일은 내일에 가서는 바뀌지 않는 것처럼, 어제와 다른 내일을 살고 싶으면 그 다른 내일을 만날 수 있는 시간은 바로 지금임을 결코 잊지 말자.

우리는 지금을 놓치고 산다. '다음부터 하겠다'고 말한다. 다음은 없다. 쓸 수 있는 시간, 바꿀 수 있는 시간은 지금밖에 없다. 그래서 우리는 지금을 살아야 한다. 지금 변해야 한다. 지금 달라져야 한다. 그것이 시간이 전해주는 준엄한 메시지다.

그렇다면 지금 나는 인생시계의 몇 시 몇 분을

지나고 있는 것일까?

나는 지금 내 인생의 24시간 시곗바늘 속에서

몇 시 몇 분에 서 있는 것일까?

$\diamondsuit$ ② $\diamondsuit$

내 인생의 후반전

인생은 일모작이 아니다

구기종목의 운동경기는 대부분 단판승부로 끝나지 않는다. 축구경기는 전반전과 후반전으로 나뉜다. 야구경기는 9회까지 가봐야 승부가 결정 난다. 농구경기 역시 4쿼터 승부 끝에 승패를 가린다. 배구경기는 승부가 결정 나지 않을 경우 5세트까지 이어진다. 그리고 중간중간에 반드시 휴식시간이 주어진다. 휴식시간은 열심히 경기에 임한 선수들이 잠깐 쉬면서 숨을 고르는 시간이다. 또한 휴식시간은 이어질 경기에 임하기 전에 승리하기 위한 작전을 짜는 시간이기도 하다.

이기고 있으면 이기고 있는 대로, 지고 있으면 지고 있는 대로, 휴식시간을 이용하여 필승전략을 짜야 한다. 경기의 하이라이트는 휴식시간 이후에 벌어지는 시합의 내용이다. 경기 중간의 하프타임을 이용하여 어떤 작전을 짜느냐에 따라 희비가 엇갈린다. 이 하프타임을 통해 마지막 승부수를 잘 던질 경우 얼마든지 짜릿한 역전의 명승부를 펼칠 수 있다.

비단 운동경기만 그런 것이 아니다. 우리네 삶도 마찬가지다. 인생은 단판승부로 끝나지 않는다. 크게 보아 전반전과 후반전으로 나뉜다. 전반전에 이기고 있다고 자만했다가는 후반전에 역전을 당할 수 있다. 전반전에 크게 뒤지고 있어도 휴식시간에 심기일전하여 후반전에 임하면 얼마든지 승부를 뒤집을 수 있다. 인생의 진검승부는 결국 후반전에 결판난다.

찰스 핸디는 그의 저서 『패러독스의 시대The Age of Paradox』에서 S자형 곡선을 가지고 이를 설명하고 있다. 다음 그림에서 과거에 많은 사람들이 살아왔던 삶의 패턴은 '일모작 곡선'과 유사하다. 인생의 어느 정점(*)까지는 일모작 곡선을 타고 계속 오르막 인생을 구가한다.

사람마다 다르긴 하겠지만 정점에 이르는 나이가 어림잡아 평균 50살쯤이라고 하자. 이때부터는 서서히 내리막길로 접어든다. 그러다가 B점인 60살 무렵에 이르러 직장이나 일에서 은퇴하게 된다(물론 통계상 지금은 이보다 더 이른 나이에 은퇴하지만).

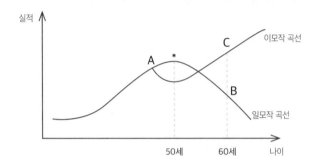

인생은 일모작이 아니다

하지만 오늘날 많은 사람들에게 인생은 일모작으로 끝나지 않는
다. 이모작 또는 삼모작의 인생을 사는 사람들이 점점 늘어나고 있
다. 정점(*)인 50살에 도달하기 이전에 A점에서 인생 이모작을 시작
하는 것이다. 그들은 잘나갈 때 도취되어 있지 않고 새로운 변화를
모색한다. 두 번째 인생을 위해 필요하다면 관련된 공부도 하고, 필
요한 자격증이나 학위도 취득하며, 더 나은 미래를 위해 시간과 노
력을 투자한다. A점에서 다시 시작한다고 해서 바로 상승곡선을 타
는 것이 아니다. 오히려 한동안 하향곡선상에 있을 각오를 해야 한
다. 그러나 인생 이모작을 위해 노력을 지속하다 보면 상승세로 반전
하는 시점이 반드시 온다. 그리하여 남들은 60살이 되면 B점에서 은
퇴를 할 나이에 오히려 C점과 같은 상승곡선을 타게 되는 것이다. 그
래서 찰스 핸디는 곡선이 완연히 기울어지기 전의 상승 국면에 있을

4부 시간적 자유를 찾아서

때 새로운 곡선으로 갈아탈 것을 강조한다.

인생의 하프타임

그렇다면 다시 앞의 인생선으로 가보자. 하나의 선 위에 과거와 현재와 미래의 시간이 다 표시되어 있다. 지금 내가 서 있는 곳은 2020년이다. 인생에서 이 지점이 의미하는 것은 무엇일까? 과거에서 현재까지의 삶, 그리고 현재에서 미래까지의 삶을 구분하는 중간 지점이다. 이 지점은 포물선의 길이와는 상관없다. 포물선의 길이가 오른쪽이 길든 왼쪽이 길든 상관없다는 이야기다. 지금 내가 서 있는 2020년의 의미는 인생의 전반전과 후반전을 나누는 하프타임의 성격을 지니고 있다는 것이다. 마치 축구경기에서 전반전과 후반전 사이에 반드시 하프타임이 있는 것과 같은 이치다. 하프타임은 휴식시간을 의미하기도 하지만 전반전을 마치고 전열을 정비해서 후반전에 임하기 위한 작전시간을 의미하기도 한 것이다.

인생에도 하프타임이 필요하다. 내 나이가 지금 몇 살이든 상관없이 이쯤에서 한번 잠시 가던 발걸음을 멈추고 호흡을 가다듬는 여유를 갖는 것이 좋다. 과거의 삶을 되돌아볼 때 누구나 나름 열심히 살아오지 않은 사람은 없을 것이다. 한때는 잘나가기도 했을 것이며,

한때는 죽을 만큼 힘들고 깊은 좌절감에 빠져 괴로워하던 시절도 분명 있었을 터이다. 과거의 삶이 어떠했든 지금 내가 서 있는 현재라는 시간은 지금까지 살아온 시간들을 회고해보고 앞으로 살아갈 미래를 구상해보기에 더없이 좋은, 짧지만 매우 의미 있는 시간이 될 수 있다.

하프타임에 오기까지 짧게는 20~30년에서 길게는 50~60년이 걸렸을 것이다. 하지만 상관없다. 짧게 걸렸든 길게 걸렸든 지금 내가 인생의 하프타임에 서 있음을 인지하는 것이 중요하다. 잠시 후에 시작될 인생의 후반전을 전반전과는 다르게 살고 싶다면 이 하프타임에 전반전과는 분명 다른 전략으로 삶에 임해야 한다. 그렇지 않으면 후반전이 끝났을 때도 전반전과 별반 다르지 않은 채로 인생을 마감할 것이기 때문이다.

인생의 전반전을 마친 지금 어떤 생각이 드는가? 이기고 있다고 생각하는가, 아니면 아무리 생각해봐도 뒤지고 있다는 생각이 드는가? 아무래도 좋다. 어차피 인생이란 게임의 최종 결과는 후반전이 끝나봐야 알 수 있는 것 아니겠는가. 설사 전반전에서 여러 차례 결정적인 실수를 범해 뒤지고 있다 하더라도 얼마든지 뒤집을 수 있는 후반전이 있으니 절망할 일이 아니다. 또한 전반전에 크게 앞서고 있다고 하더라도 방심하거나 전반전의 작전을 그대로 썼다가는 역전을 당할 시간이 충분하다는 것을 잊어서는 안 된다.

멋진 후반전을 위하여

그렇다면 이 하프타임에 도대체 무엇을 어떻게 해야 한단 말일까? 조용히 묵상하면서 내면의 목소리에 귀를 기울여보라. 지금부터 전개될 인생의 후반전에 내가 가장 소중하게 생각하는 것은 무엇일까? 돈일까? 일일까? 사랑일까? 아니면 자유일까? 내가 가지고 있는 모든 재능과 자원과 시간을 어디에다 써야 할까? 내가 가고자 하는 삶의 지향점은 어디일까? 내 삶을 이끌어 갈 꿈과 비전은 무엇일까? 나는 지금 어디에 서 있으며, 어디로 가고자 하는 것일까? 나는 진정 그곳을 향해 가고 싶어 하는 것일까? 왜 그곳에 도착하려고 하는 걸까? 그곳에 도달하려면 지금 무엇을 준비해야 하고, 어느 정도의 시간과 노력을 투자해야 하는 걸까?

인생의 후반전을 이야기할 때마다 떠오르는 분이 있다. 「어느 95세 노인의 수기」[14]의 주인공이 그분이다. 그는 젊었을 때 정말 열심히 일했다. 그 결과 주변으로부터 실력을 인정받고 존경을 받았다. 덕분에 65세 나이에 당당히 은퇴할 수 있었다. 그의 65년 생애는 자랑스럽고 떳떳했다. 하지만 이후 30년의 삶은 스스로 생각할 때 부끄럽고 후회되고 비통한 삶이었다고 회고했다.

그는 퇴직을 한 후 '이제 다 살았다. 남은 인생은 그냥 덤이다'라는 생각으로 그저 고통 없이 죽기만을 기다리며 살았다. 덧없고 희망이 없는 삶을 무려 30년이나 더 살았다. 30년이란 시간이 더 흐른 지금 나이 95세는 인생의 3분의 1에 해당하는 기나긴 시간이었다.

그는 퇴직을 할 당시 앞으로 30년을 더 살 수 있을 것이라고 생각했다면 그처럼 살지는 않았을 것이라고 후회했다. 스스로가 늙었다고 판단해 무언가를 시작하기엔 너무 늦었다고 생각했던 것이 큰 잘못이었다는 고백이다. 지금 95세지만 이렇게 정신이 또렷하니 앞으로 10년, 20년을 더 살지 모를 일이라고 생각한 그는 평생 하고 싶었지만 못했던 어학공부를 시작하기로 마음먹었다. 그 이유는 단 하나였다. 10년 후 맞이하게 될 105번째 생일날, 95세 때 왜 아무것도 시작하지 않았는지 또 후회하지 않기 위해서였다.

이 이야기의 주인공은 호서대학교 설립자이신 고敵 강석규 선생님이시다. 그는 1913년 충남 논산의 가난한 농가에서 태어나 2015년 103세를 일기로 생을 마칠 때까지 인생 자체가 공부라고 할 정도로 열심히 사셨다. 어린 시절부터 온갖 가난과 역경 속에서도 좌절하지 않고 누구보다 열정적으로 사셨던 강석규 선생님은 비록 105세 생일을 맞이하지는 못하고 돌아가셨지만 살아있는 우리에게 큰 울림을 주신 훌륭한 분이시다.

나는 내 인생에 어떤 의미를 부여하며 살아왔을까? 이제까지의 내 삶은 내가 원하던 대로 잘 굴러왔을까? 이쯤에서 나도 내 인생을 한번 둘러보아야겠다. 아무리 생각해도 어설프고 부족하고 문제투

성이의 삶이었지만 참으로 다행인 것은 나에겐 아직 후반전이라고 하는 시간이 주어져 있다는 것이다. 강석규 선생님의 말씀처럼 10년 후 맞이하게 될 내 생일날 왜 10년 전에 아무것도 시작하지 않았는지 또 후회하지 않기 위해서 지금부터 무언가를 시작해야겠다. 내 멋진 인생의 후반전을 위해서 다시 한 번 삶의 전열을 정비하고 생에 임해야겠다. 어디 필자만 그러겠는가? 살아있는 우리 모두에겐 인생의 후반전이 아직 남아 있다. 어물쩍거리다가 후반전 다 지나가버리기 전에 우리 마지막으로 몇 가지만 점검하고 경기에 임하자. 그토록 꿈꾸던 멋진 인생의 후반전을 위하여.

경기 중간의 하프타임을 이용하여
어떤 작전을 짜느냐에 따라 희비가 엇갈린다.
이 하프타임을 통해 마지막 승부수를 잘 던질 경우
얼마든지 짜릿한 역전의 명승부를 펼칠 수 있다.

3

내게도
인생의 전성기가 올까

내 인생의 사명

인생의 사명에 대해 이야기하자고 하면 대개는 부담스러워한다. 너무 거창하고 과중한 의무감을 갖게 하는 것 같아 영 거북스런 느낌으로 다가오기도 한다. 또한 '사명'이란 말이 보통 기독교에서 많이 사용하고 있기 때문에 다른 종교를 믿거나 종교가 없는 사람들에게는 별로 와닿지 않을 수 있는 용어이기도 하다.

사실 인생의 사명은 그리 거창한 것이 아니다. 누구나 살아가면서 적어도 몇 번쯤은 생각해봤음직한 개념이다. 다만 그것이 뜬구름 잡듯이 막막한 것이었는지, 아니면 구체적인 형태를 띤 것이었는지의 차이가 있을 뿐이다.

인생의 사명을 구성하는 두 가지 핵심 요소가 있다. 하나는 '개인적 만족'이고, 다른 하나는 '사회적 기여'다. 첫째, 개인적 만족 없이 그 어떤 숭고한 사명도 지켜나가기 어렵다. 사명은 실천이 핵심이다. 사명을 실천하는 과정은 필연적으로 일과 관련이 있다. 그런데 그 일이 재미가 없고 개인적으로 전혀 만족을 주지 못한다면 절대 오래 지속할 수 없다. 먼저 하는 일에서 만족과 재미를 느껴야 하는 것이다. 가령 죽음을 앞둔 환자가 인생의 마지막 임종의 시간을 평안하게 맞이할 수 있도록 봉사하는 호스피스 활동은 대단히 숭고하고 사회적으로 기여하는 바가 크다. 인생 사명의 두 번째 요건을 충족하기에 충분하다. 하지만 솔직히 그 일을 하는 것이 재미가 없고 싫증이 생겨 본인 스스로 갈수록 우울한 감정에 빠지게 된다면, 인생 사명의 첫 번째 요건을 충족하지 못한다.

둘째, 사회적 기여가 없다면 그 어떤 재미있는 일을 해도 그것을 인생 사명으로 삼기는 어렵다. 오락게임을 좋아해서 하루 종일 컴퓨터게임만을 즐기는 일은 재미도 있고 만족을 얻기에 충분한 활동이다. 그러나 컴퓨터게임에만 몰두하는 것은 결정적으로 사회적 기여가 전혀 없는 활동이다. 세상에 태어난 이유가 게임하러 온 것이 아닌 이상 그와 같은 활동은 존엄한 가치를 지니기 어렵다. 내가 하는 일이 사회적으로 전혀 기여함이 없이 단지 재미나 시간 때우기 차원에서 행하는 일이라면 그 일에 사명감을 가지고 임하기는 어려울 것이다.

그러므로 인생의 사명이라 함은 나 스스로 만족함과 동시에 세상을 위해 기여할 수 있는 것이어야 한다. 그리고 일을 통해 그 사명을 구체적으로 실천할 수 있어야 한다. 그 일이 무엇인가? 경제적 자유와 시간적 자유가 주어진다면 무슨 일을 할 때 그런 만족과 보람을 얻겠는가? 나 스스로 일을 통해 기쁨을 얻으면서 세상 사람들에게 보탬이 될 만한 일이 어떤 것인가? 인생의 사명은 바로 그 교차점에 존재한다고 믿는다.

여기에 몇 가지 인생 사명의 사례를 들어보기로 하겠다. 다음은 방금 말한 두 가지 요건을 충족하고 있는 인생사명서의 샘플들이다.

"나의 인생 사명은 사람들이 육체적·정신적으로 건강하게 살아갈 수 있도록 신선하고 안전한 음식을 요리하는 것이다."

"나의 인생 사명은 시민들이 쾌적한 환경 속에서 생활할 수 있도록 거리를 깨끗하고 위생적으로 청소하는 것이다."

"나의 인생 사명은 정신적으로 많은 스트레스와 고민거리를 안고 살아가는 사람들의 고민을 들어주고 도와주는 일을 하는 것이다."

"나의 인생 사명은 온갖 꽃과 식물이 만발한 꽃밭에서 사람들이 기쁨을 만끽할 수 있도록 아름다운 정원을 가꾸는 것이다."

"나의 인생 사명은 경제적·시간적 자유를 누리고자 하는 사람들에게 동기를 부여하고 힘껏 돕는 것이다."

인생 사명의 몇 가지 사례들을 보았으니 이제 내가 만들 차례다. 개인적 만족과 사회적 기여를 동시에 충족할 수 있는 나만의 '인생 사명서'를 작성해보라. 그리고 반드시 문서로 만들어놓고 수시로 볼 수 있도록 하라. 실제로 해보면 알겠지만 간단할 것 같으면서도 결코 간단하지 않은 것이 인생사명서. 왜냐하면 인생사명서를 쓰려고 하다 보면 내가 이제까지 살아왔던 지난 시간들이 주마등처럼 스쳐 지나가면서 과연 인생 후반전을 어떻게 살아가야 가치가 있을지 성찰하는 시간이 필요하기 때문이다. 그런 성찰의 시간을 통해서 비로소 인생 후반전을 관통할 사명서의 윤곽이 잡히기 시작할 것이다. 그러니 다소 시간이 걸리더라도 내 인생 후반전의 르네상스를 위해서 반드시 사명서를 품에 안고 살아가기 바란다.

바다를 향한 꿈을 꾸게 하라

"만약에 배를 만들고 싶다면 사람들을 모아 목재를 가져오게 하거나 일감을 나누어주는 일을 하지 마라. 대신 그들에게 저 넓고 끝없는 바다를 보여주고 바다에 대한 동경심을 길러주라."

『어린 왕자』의 저자 생텍쥐페리의 말이다. 배를 만들 요량으로 사람들에게 목재를 가져오게 하고 각자의 일감을 나누어주는 일은 오너 한 사람만의 꿈이다. 그 배를 만드는 구성원 전체가 공유하는 꿈이 아닌 것이다. 이럴 경우 그들은 단지 품삯을 받기 위해 일을 할 뿐이다.

'관성의 법칙'은 뉴턴의 운동법칙 중 제1의 법칙이다. 모든 물체는 외부에서 새로운 힘이 가해지지 않는 이상 자기의 상태를 그대로 유지하려고 하는 것을 말한다. 정지한 물체는 정지상태를 계속 유지하려고 하고, 움직이는 물체는 동일한 방향으로의 운동을 계속하려고 한다. 그러므로 새로운 자극이 주어지지 않으면 움직이지 않고 정지해있거나 움직이더라도 타성에 젖어 기존의 방식대로 움직이려고 할 뿐이다.

국가나 기업이나 개인도 마찬가지다. 관성의 법칙이 그대로 적용된다. 모든 조직이나 개인도 특별한 자극이 없으면 지금까지 관행처럼 해오던 방식 그대로 따라가려고 한다. 움직이지 않는 것을 움직이게 하려면 새로운 에너지가 투입되어야 한다. 이것을 '동기부여'라고 한다. 동기부여는 하고자 하는 욕구가 일어나도록 하는 힘이다. 동기부여는 꿈과 비전을 제시하여 서로 공유하게 하고 칭찬과 격려를 통해 자발적으로 행동하게 하여 목적을 이루게 하는 원동력이다.

목재를 가져오게 하거나 일감을 나누어주는 것이 아니라 드넓은 바다로 나아가고자 하는 꿈을 공유하게 하는 것이 동기부여다. 그리하여 혼자만 꾸는 꿈이 아니라 모두가 함께 공유하는 꿈이 되어 마침내 현실이 되도록 부추기고 자극하는 것이 동기부여의 핵심이다. 위대한 일을 하는 모든 사람에게서 공통적으로 발견되는 것이 바로 비전의 공유다. 13세기에 위대한 몽골제국을 건설한 칭기즈칸의 경우가 대표적이다. 그는 복수에 복수가 끝없이 이어지는 부족들 간의 진흙탕 싸움을 그만두고 더 넓은 세상으로 나아가자는 비전을 제시하고 꿈을 공유했다. 그리고 마침내 칭기즈칸은 몽골의 모든 부족을 통일하고 세계 최대의 몽골제국을 이룩할 수 있었다.

프로슈머 마케팅은 꿈과 비전을 공유하는 사업이다. 단지 열심히 하면 돈을 번다는 차원이 아니라 이 사업을 통해 인생에서 추구하는 소중한 가치를 실현할 수 있음을 공유하고 기꺼이 함께 그 길을 갈 수 있도록 동기를 부여해주는 것이 매우 중요하다. 이것이 바로 사업에서 성공하는 리더가 가져야 할 기본 소양임은 더 이상 강조할 필요가 없다. 사업 파트너들에게 돈을 보여주지 말고 드넓은 바다와 초원을 보여주라. 그들의 심장이 뛰게 하라. 그리하여 스스로 결심하고 행동하게 하라. 리더는 마땅히 그래야 한다.

인생 설계도가 있는가

먼저 인생의 설계도를 가지고 살자. 에펠탑을 보러 가기 위해서 인천공항을 출발하여 프랑스 파리의 샤를드골 공항을 간다고 해보자. 비행기를 타고 가다 보면 항로가 있다. 실제 비행경로는 반드시 항로 그대로 정확히 따라가지는 않는다. 항해하는 도중에 난기류를 만나거나 예상치 못한 다른 여러 가지 이유가 생겨서 원래 정해진 항로를 잠깐 이탈했다가 돌아오고 이탈했다가 다시 돌아오기를 반복한다. 그러나 비행기는 큰 무리 없이 결국 파리의 샤를드골 공항에 도착한다. 비행기가 그렇게 할 수 있는 이유는 무엇일까? 바로 항로가 있기 때문이다.

만일 항로가 없다면 어떤 일이 벌어질까? 인천공항을 이륙한 비행기가 항로를 벗어났다가 돌아오고 벗어났다가 돌아오기를 여러 번 반복하다가 이윽고 도착했는데 그곳이 러시아 모스크바의 셰레메티에보 공항이라면 어떻게 하겠는가? 모스크바 공항에 아무리 빨리 도착해본들 그것이 무슨 의미가 있겠는가? 에펠탑을 보고 인증샷을 찍어야 하는데 모스크바 궁전 앞에서 포즈를 취한다고 해서 원래의 목적을 이룰 수 있겠는가? 본래 가고자 하는 곳이 아니라면 아무리 빨리 도착해봤자 별다른 의미가 없다. 그런데 그것을 막아줄 수 있는 것이 항로다. 비행 중에 항로를 이탈해도 괜찮은 이유는 원래 정해진 항로가 있고 자동항법장치가 그 항로를 크게 벗어나지 않도록 안내를 해주기 때문이다.

비행기만 그런 것이 아니다. 인생에도 내가 정해놓은 항로가 있으면 살다가 항로를 벗어났더라도 다시 돌아올 수 있다. 그런데 이 항로가 없을 경우 한 번 벗어나서 이리저리 헤매다 보면 어디로 갈지 내 마음을 나도 모른다. 그러면 결국 가봐야 안다. 도착해봐야 알 수 있는 것이다. 그러나 그곳은 대부분 내가 가고자 하는 곳이 아니다. 다시 돌아가기에는 시간이 너무 늦어버렸다면 어떻게 할 것인가? 그보다 더 낭패인 상황도 없다. 목적지에 도착하는 경우와 그렇지 못한 경우는 어디에서 차이가 날까? 항로가 있고 없고의 차이다. 항로가 있음으로 해서 내 인생의 사명이 무엇이고, 내 꿈과 비전은 무엇이며, 나는 어떤 목표들을 가지고 행동할 것인지를 알 수 있다.

사업도 마찬가지다. 프로슈머 마케팅 사업을 하면서 사업가로서 성공하기 위한 인생의 항로가 없다면 제대로 갈 수 없다. 따라서 먼저 내 인생의 사명이 무엇인지, 나는 내 인생에 어떤 의미를 부여할 것인지, '나는 내 인생을 이렇게 풀어보겠다'라고 하는 내 인생 항로가 있어야 한다. 그런 다음 사명을 바탕으로 꿈과 비전을 설정해야 한다. 그리고 이를 실천에 옮기기 위한 구체적인 행동목표들을 만들어야 한다. 사명과 꿈과 비전 그리고 목표가 혼연일체가 될 때 원하는 항로대로 비행을 하여 도착하고 싶어 했던 목적지인 파리에 도착할 수 있다.

내게도 인생의 사명이 있다. '소중한 이들이 삶에 의미를 부여하고 꿈과 희망을 찾아 열정적으로 살아가도록 공감하고 동기를 부여하면서 힘껏 돕는 것'이 내 사명이다. 이것이 내가 세상을 살아가는 이유다.

내가 지금 이 책을 쓰고 있는 이유도 그 사명을 실천하기 위해서다. 특히 프로슈머 마케팅 사업자들을 응원하고 함께 공감하며 이 사업이 얼마나 가치 있고 비전이 있는지 알리고 싶다. 그들이 각자의 꿈과 희망을 찾아 더 열정적으로 열심히 살아가야 하는 이유가 무엇인지, 그것을 함께 공감하면서 동기도 부여해주고 내가 도울 수 있는 일은 힘껏 돕는 것이 내가 살아가는 이유 중 하나다. 우리 모두에겐 각자 자기만의 고유한 사명이 있다. 그리고 그 사명이 무엇인지 알게 되면 삶이 완전히 달라진다. 사업 또한 대충 함부로 할 수 없다. 사업은 곧 인생의 사명을 구체적으로 실천하는 매우 가치 있는 일이 되기 때문이다. 그러기 위해서 반드시 필요한 것이 '인생의 설계도'이다.

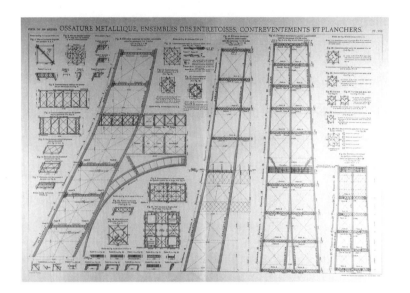

이 그림은 프랑스 오르세 미술관에 소장되어 있는 어떤 건축물의 실제 설계도이다. 이 설계도가 세상에 처음 나온 것은 1886년이었다. 그로부터 3년 후인 1889년, 지상에 없던 새로운 건축물이 파리 시내에 등장했다. 누구나 알고 있는 에펠탑이다.

에펠탑의 등장에 사람들의 반응은 두 가지였다. 하나는 '와 ─ 세상에 이렇게 엄청난 탑이 또 있을까?' 하는 반응이고, 다른 하나는 '아이고, 저게 뭐야! 철제로 만들어진 흉물스러운 게 파리를 장식하다니!' 하는 반응이었다. 그로부터 많은 시간이 지나고 오늘날 에펠탑은 매년 전 세계에서 수천만 명이 모여드는 명소가 되었다.

필자가 에펠탑을 소환한 이유는 딴 데 있다. 여기서 이야기하려고 하는 것은 세상 사람들이 에펠탑을 보고 다양한 반응을 보인 것은 1889년 이후부터였다는 것이다. 그런데 전혀 놀라지 않은 한 사람이 있었다. 그는 이 건축물을 보고도 아무런 반응을 보이지 않았다. 누구일까? 다름 아닌 탑의 설계자다. 오직 에펠탑을 설계한 알렉산더 구스타브 에펠만 놀라지 않았다. 왜 그랬을까? 그는 설계자이기 때문이다. 파리에 에펠탑이 세워질 것을 3년 전에 이미 알고 있었기 때문이다. 이것이 중요하다. 자기 인생의 설계자가 되라는 것이다.

내 인생의 에펠탑

우리도 그렇게 하면 된다. 10년 후에 세상에 모습을 드러낼 내 인생을 지금 설계하면 된다. 스스로 내 인생의 에펠탑을 설계하는 것이다. 그리하여 10년 후 세상 사람들은 깜짝 놀랄 테지만 나 자신은 전혀 놀라지 않을 것이다. 왜? 나는 이미 10년 전에 그럴 줄 알고 있었으니까. 10년 후에 내 설계도가 완성돼서 내 인생의 에펠탑이 세상에 우뚝 서는 순간 세상 사람들이 경이로운 눈으로 나에게 박수를 보낼 것임을 나는 벌써 예상하고 있었으니까.

내가 바로 그 주인공이 되는 것이다. 이것이 프로슈머 마케팅 사업의 진정한 가치다. 그리고 이것이 21세기가 모두에게 공평하게 제공하는 새로운 꿈과 비전이다. 그러기 위해 지금부터 목표를 세우고 하나씩 하나씩 쌓아올려야 한다. 미래에 할 일이 아니다. 10년 뒤의 에펠탑을 지금부터 쌓는 것이다. 다만 설계도를 먼저 만들어놓고 해야 한다. '다음에'는 없다. 오늘부터 쌓을 때 그 탑이 올라가기 시작한다.

이와 관련하여 동기부여 강의를 하거나 책을 집필할 때 필자가 기회 있을 때마다 소개하는 것이 있다. 20년 전에 내가 만들어놓은 '엉성하고 허접한' 한 장짜리 메모지다. 이 메모지는 2000년 5월 31일에 작성했던 내 인생의 설계도다. '나의 인생 여정'이라는 제목이 붙은 이 오래된 설계도는 당시만 해도 지금과 같은 역할을 하리라고는 전혀 상상도 하지 못했다.

나는 지금도 그날을 생생하게 기억한다. 2000년 5월의 마지막 날, 그러니까 대학축제가 한창 열리고 있던 날이었다. 축제기간이었지만 여느 때처럼 수요일 아침에 출근했을 때 캠퍼스에는 고요한 정적만이 흐르고 있었다. 그날따라 마음이 싱숭생숭했다. 나는 연구실 창문 밖 오래된 느티나무 두 그루를 바라보면서 '저 나무들은 계속 잘 크고 있구나! 그리고 나도 이제 2000년을 맞이했구나!' 하는 생각이 몽글몽글 피어올랐다.

당시 나는 40대 초반이었다. 문득 '새천년이 열렸는데, 나는 앞으로 어떻게 살아가야 하지?' 하는 생각이 뇌리를 강하게 때렸다. 그렇

* 나의 인생 여정

나이	40대 삶 (성숙의 삶)	50대 삶 (기여의 삶)	60대 삶 (제2의 삶)	70대 삶 (완성의 삶)
남은시간	40년 | 35년	30년 | 25년	20년 | 15년	10년 | 5년
개인	* 교양서적 매일 4권 읽기(평생) * 영어 회화 * 세계 여행 (유럽1) * 건강관리	* 세계 여행 (북미) * 세계여행 (유럽2) * 영어 회화 * 건강 관리	* 전원생활 명상 * 세계 여행 (남미, 호주)	* 인생 회고록 저술하기 * 명상 수련
가정	* 믿음직한 남편 * 닮고 싶은 아빠 * 효도하는 아들(사위)	* 멋진 남편 * 대화가 되는 아빠 * 자랑스런 아들(사위)	* 관심 있는 남편 * 존경받는 아버지 * 데이트하고 싶은 사람되기 * 많이 존경하는 할아버지	* 건강한 정신적 유산 남기기
직업	* 창의 스승 * 매스컴 활동 * 저술 활동 * 명강의하기 * 시간 디자이너 * 꿈 컨설턴트	* 존경받는 스승 * 매스컴 활동 * 저술 활동 * 조기부터 강의 * 천직 찾아주기 * 개발 운영	* 새로운 일에 도전(비전대학 설립 운영) * 조기부터 강의 * 저술활동 * 라이프 코칭	* 마지막 저술 활동 * 행복한 강의하기 * 비전대학 활성화
사회	* 발전기금 출연 * 사회봉사기금 출연 * 청소년 비전 갖기 운동	* 발전기금 출연 * 기부운동 * 후원금 출연 * 청소년 비전 갖기 운동	* 자선활동 * 재능기부하기 * 장학회 설립 운영	* 자선활동 * 재능 기부하기 * 장학회운영

Carpe Diem!!!

게 해서 그날 작성했던 것이 바로 이 인생 설계도다. 40대 초반에 써놓은 인생 설계도가 어느덧 20년이 지났다. 그사이 40대를 지나 50대를 통과하더니 이제 60대에 접어들었다. 60대가 되면서 지난 50대를 돌아보았다. 직업인으로서 내가 50대에 살고 싶었던 삶의 모습은 존경받는 스승, 매스컴 활동, 동기부여 강의, 천직 찾아주기 프로그램을 개발하여 운영하는 것이었다. 이것이 20년 전에 설계했던 50대의 삶이었다.

지난 50대의 삶을 차분히 회고해볼 때 내가 하고 싶었던 활동들을 나름 열심히 해냈다고 생각한다. 매스컴 활동은 기회가 있을 때마다 하고 있고, 저술활동 또한 열심히 하고 있다. 동기부여 강의 역시 지속적으로 열정을 쏟고 있으며, '천직발견'이라는 유망직업찾기 프로그램을 개발하여 특허[15]를 취득했고, 전국의 유수 대학들을 다니면서 천직발견캠프를 통해 자신에게 가장 잘 어울릴 수 있는 직업이 무엇인지 찾아주는 활동을 즐겁게 하고 있다.

이것이 20년 전에 내가 꿈꿨던 것들이다. 그런데 지금 이것을 다 하고 있다. 놀라운 일이 아닐 수 없다. 다만 한 가지 못한 것이 있기는 하다. 아직 제자들로부터 존경을 받지는 못하고 있다. 하지만 부단히 노력할 것이다. 비록 존경받는 스승이 못 되더라도 퇴임하는 날까지 늘 최선을 다해 제자들과 호흡할 것이다. 더 가봐야 알겠지만 지금 생각으로는 65세 정년퇴임을 3년 정도 앞당겨 스스로 물러서고 싶다. 주변에서는 꼭 그럴 필요가 있느냐고 만류하는 이들도 있지만 이미 마음속으로는 굳혔다. 이렇게 공개적으로 선언해버려야 지금 약속을 더 잘 지킬 것이기에 공표하는 것이다.

여기서 필자가 강조하고 싶은 말은 설계해놓으면 그대로 된다는 것이다. 처음엔 크게 기대를 하지 않았는데, 시간이 그것을 여실히 증명해주었다. 놀라운 일이 아닐 수 없다. 그러니 지금이라도 전혀 늦지 않았다. 설계하면 된다. 반드시 인생의 설계도를 만들어놓고 살아라. 지금부터 살고 싶은 인생의 밑그림을 스케치하라. 내일로 미루지 말고 오늘 당장 만들어보라. 그리고 시간이 흘러 과연 그렇게 살고 있는지 스스로 확인해보라. 아마도 놀라운 미래의 현실 앞에서 스스로 탄성을 지를 것이다.

죽기 전에 하고 싶은 것

인생의 설계도를 만들었다면 그다음에 해야 할 일은 '버킷리스트'를 작성하는 것이다. 버킷리스트는 10년 후 완성할 내 인생의 에펠탑을 쌓아나가는 구체적인 부품들이다. 이것을 하나씩 하나씩 쌓아가다 보면 멋진 인생의 에펠탑이 완성된다. 사람이든 사물이든 소중한 것들은 가까이 있을 때는 잘 모른다. 떠나 봐야 그 소중함을 절절히 느끼게 된다. 떠남은 버리는 것이자 비우는 것이다. 그리하여 꼭 필요한 진액만 남기는 것이다. 멀리 떠나면 가까이 있을 때는 보이지 않던 것들이 점차 눈에 들어오기 시작한다. 매혹적인 것들이 반짝반짝 빛을 발하면서 비로소 존재감을 드러낸다. 얽매여 있던 것들로부터 자유로워질 때 어떻게 살아야 할 것인가에 대한 선명한 단서가 잡힌다. 그렇게 해서 10년 전 일상으로부터 1년간의 떠남이 남겨준 선물이 지금 이 버킷리스트다.

필자의 경우엔 버킷리스트를 네 가지 범주로 나누어 작성했다. 즉, 내가 하고 싶은 것To Do, 되고 싶은 것To Be, 갖고 싶은 것To Have, 가고 싶은 곳To Go 이렇게 네 가지로 분류해서 총 99가지의 버킷리스트를 만들어놓고 살고 있다. 이것을 나는 '나의 인생여정 버전 1.0'이라고 부른다. 돌이켜보건대 2008~2009년 미국에 교환교수로 파견근무를 하고 있을 때 초본을 작성해두었다가 2010년 봄학기 중에 갑자기 급성 경추수핵탈출증(일명 목 디스크) 수술을 하게 되어 병원 신세를 지는 동안 완성했던 것이 이 버킷리스트다. 그로부터 10년이 지났으니 2020년에 버전 2.0을 새로 만들려고 한다. 그동안에 성취한 것들도 많고 새로 추가하고 싶은 것들이 많이 생겼기 때문이다. 어쩌면 2030년에 버전 3.0이 나올지도 모를 일이다.

버킷리스트는 삶을 윤택하고 풍요롭게 해준다. 왜냐하면 이것이 내 '진짜 욕망'이기 때문이다. 진짜 욕망을 하나씩 하나씩 이루어나가는 것이 사는 맛이자 행복이기 때문이다. 불행이란 행복하지 않은 상태다. 일상에서 충분한 만족과 기쁨을 느끼지 못해 흡족하지 못한 상태다. 그런데 만족과 기쁨은 성취감으로부터 나온다. 내가 원하는 것을 이루었다는 느낌이 들 때 만족하고 기뻐하는 것이다. 그것은 꿈일 수도 있고 욕망일 수도 있다.

여기서 짚고 넘어가야 할 것이 있다. 과연 그 꿈과 욕망이 진짜 내 것인지를 분별할 줄 알아야 한다는 것이다. 진짜와 가짜를 분별하지 못하면 다른 사람들의 꿈과 욕망조차 내 꿈과 욕망인 것으로 착각하기 쉽다. 그리하여 남들이 가진 것은 나도 가져야 하고 남들이 하는 것은 나도 해야 할 것처럼 느낀다. 이렇게 되면 도무지 행복할 수 없다. 남들에 비해 나는 늘 부족하고 초라한 존재로 여겨진다.

이때 버킷리스트는 진짜 욕망과 가짜 욕망을 가려주는 삶의 필터 역할을 해준다. 버킷리스트는 달리 표현하자면 '진짜 욕망 목록'과 다를 바 없다. 왜냐하면 버킷리스트에 있는 것들은 죽기 전에 꼭 이루고 싶은 내 꿈의 목록을 일목요연하게 간추려놓은 것이기 때문이다. 적지 않은 사람들이 늘 불행해하는 이유 가운데 하나는 자신의 진짜 욕망이 무엇인지 모르기에 다른 사람들이 가지고 있는 것은 다 가져야 한다고 생각하지만 실제로는 그렇지 못한 데서 오는 상대적 박탈감 때문이다. 가짜 욕망에 휘둘려 진짜를 보지 못하기 때문에 항상 자신을 한탄하고 불만을 늘어놓는다. 그럴 필요 전혀 없다. 진짜 욕망을 알면 가짜 욕망은 버릴 줄 안다. 그리고 내 진짜 욕망에만 집중할 수 있다.

우리에게 주어진 삶의 시간이 그렇게 넉넉하지만은 않다. 특히 나이가 들어갈수록 그런 생각이 많이 들 것이다. 하지만 앞에서도 이야기했듯이 인생이란 시간의 길이로 따지는 것이 아니다. 누구에게나 공평하게 주어진 오늘 하루라는 시간을 무엇을 하고 어떻게 쓰느냐에 따라 삶의 질이 결정된다. 버킷리스트는 금쪽같은 오늘을 누구와 무엇을 하며 어떻게 써야 할지 알려주는 바로미터와 같은 역할을 한다. 오늘 하루의 시간을 내 버킷리스트를 이루는 쪽으로 집중 투자하게 해준다는 것이다. 그리하여 하루하루 시간이 지나면서 버킷리스트에 있는 진짜 욕망들을 하나씩 성취해나가는 만족과 기쁨은 삶을 저절로 행복의 파라다이스로 안내한다.

버킷리스트를 작성할 때 반영하면 좋을 몇 가지 팁을 제시하자면 다음과 같다. 첫째, 꼭 이루고 싶은 진짜 욕망의 내용을 구체적으로 서술해야 한다. 가령 버킷리스트를 만들 때 누구나 빼놓지 않는 것이 '세계여행'이다. 그런데 이것이야말로 실체가 없다. 이 넓고 넓은 지구촌에서 막연히 세계여행이라고 써놓으면 도대체 어디를 여행하겠다는 것인지 알 수 없다. 정확히 어디에 가서 무엇을 하겠다는 것인지 구체적으로 서술할수록 좋다. 내 버킷리스트 29번 항목에는 '알함브라 궁전에서 산책하기'가 있다. 알함브라 궁전이 어디에 있는가.

스페인의 그라나다에 있다. 알함브라 궁전에서 산책하기를 2019년까지 이루겠다고 적어놨는데 2014년에 벌써 다녀왔다. 경험적으로 볼 때 적어놓으면 신기하게 이루어질 가능성이 그만큼 높아진다. 그것도 계획했던 것보다 앞당겨 달성하는 경우가 많다.

물론 그렇지 못한 것도 있다. 27번 리스트인 '브라질 삼바축제 참가하기'는 2018년까지 하기로 했으나 아직 못하고 있다. 하지만 괜찮다. 버전 2.0에 다시 추가하여 남미여행을 할 때 꼭 다녀올 것이다. 기한 내에 이루지 못한 것들은 그것으로 끝나는 것이 아니라 다시 일정을 잡아서 실행에 옮기면 된다. 그러니 일단 리스트를 만들어놓아라. 다음으로 미루지 말고 가능한 한 일찍 진짜 욕망의 목록을 작성하라.

둘째, 꼭 거창한 것이 아니라 사소하지만 이루고 싶은 것이면 충분하다. 너무 크고 원대한 포부를 버킷리스트에 담으려고 하지 마라. 물론 목록 중에는 필생의 과업에 해당하는 것도 있다. 그러나 꼭 그런 것들로 채울 필요는 없다. 소위 '소확행'에 해당하는 것들이 오히려 더 성취감과 행복감을 안겨줄 수 있다. 16번 '북한 친구 10명 사귀기'는 북한과 교류의 길이 열리기만 하면 즉시 실행할 생각이다. 북한 친구들을 초청하기도 할 것이며, 그들이 초청해주면 기꺼이 응할 것이다. 생각만 해도 가슴이 설렌다.

셋째, 반드시 마감시한을 두어야 한다. 언제까지 성취할 것인지

번호	분류	목표	마감시한	성취여부
1	D	전 세계 20개국 문화 체험하기	2030년	진행 중
2	D	유타주 아치스 국립공원 트레킹하기	2017년	
3	B	글로벌 비전대학교 설립자 겸 총장	2025년	
4	D	TV특강 출연하기	2015년	성취
5	D	고향 발전기금 출연하기	2020년	
6	H	황토 한옥 별장 갖기	2020년	
7	D	밀리언셀러 저서 출간하기	2020년	
8	G	페루 마추픽추 등정하기	2018년	
9	D	재능기부하기	평생	진행 중
10	G	1년에 한번씩 해외여행하기	2030년	진행 중
11	D	하와이 원주민과 사진찍기	2017년	
12	D	탭댄스 배우기	2019년	
13	D	국제불우아동 10명 이상 후원하기	2020년	진행 중
14	D	제주도 자전거 여행하기	2015년	
15	G	세렝게티 국립공원에서 사자와 조우하기	2021년	
16	D	북한 친구 10명 사귀기	2020년	
17	G	백두산 천지 오르기	2016년	성취
18	D	<천직발견> 전문강사 100명 양성하기	2025년	진행 중
19	D	<천직발견> 프로그램 10개국에 수출하기	2030년	
20	D	100커플 주례서기	2030년	진행 중
21	G	터키 카파도키아 열기구 타기	2020년	성취
22	G	이과수 폭포에 발 담그기	2018년	
23	G	실크로드 도보여행하기	2019년	
24	D	블로그 누적방문객 1천만 명 돌파하기	2020년	
25	G	아마존 탐험하기	2018년	
26	D	우쿨렐레 콘서트에서 연주하기	2025년	
27	D	브라질 삼바축제에 참가하기	2018년	
28	D	방송 50회 이상 출연하기	2030년	진행 중
29	G	알함브라 궁전에서 산책하기	2019년	성취
30	D	지구촌 <천직발견센터> 50개 설립하기	2030년	
31	D	자서전 집필하기	2040년	
32	G	알래스카에서 트레킹하기	2017년	
33	D	전 재산 사회 환원하기	2040년	

마감시한을 꼭 표기해야 한다. 시한이 없는 구상은 계획이 아니다. 그저 희망사항일 뿐이다. 언제까지 이루겠다고 해야 시한이 다가올수록 시간과 노력을 거기에 더 집중적으로 쏟아부을 수 있기 때문이다. 마감시한을 정해둔다고 해서 반드시 기한 내에 성취하는 것은 아니다. 아무리 노력해도 시간이 부족해서 기한을 넘길 수도 있고, 피치 못할 사정 때문에 마음먹은 대로 진행되지 않을 수도 있다. 하지만 그러면 어떤가. 정말 이루고자 한다면 다시 기한을 정하고 실행해나가는 것이 최선 아니겠는가.

이야기가 나온 김에 아직 버킷리스트를 곁에 두고 있지 않거든 이번 기회에 삶의 배낭에 잘 챙겨 담아놓자. 그리고 하나씩 꺼내어 요긴하게 쓰자. 그럴수록 삶의 배낭이 가벼워지고 일상의 발걸음이 한결 가벼워질 테니까. 미래에 추구하고 싶은 삶의 아주 귀중한 것들이 되어줄 테니까.

버킷리스트 1.0을 만들고 10년의 시간이 지났다. 그동안 이루고 싶었던 욕망을 많이 채웠다. 하지만 사람의 욕망은 끝이 없는가보다. 그사이에 이룬 것들도 많았지만, 새로이 이루고 싶은 건강한 진짜 욕망들이 또 생겨났다. 나는 그 욕망들의 이름을 기억하고 하나둘 불러내어 삶과 동행할 것이다. 그 욕망들은 평생 동안 간직할 내 소중한 삶의 자산이 되어줄 것이다. 이것이 누적되면 언젠가 내 인생의 에펠탑이 세워질 것이다. 비록 웅장하고 화려하진 않더라도 나만의 고유한 모양과 빛깔을 가진 탑이면 충분히 만족할 것이라고 믿는다.

인생의 전성기는 언제일까

십수 년 전부터 강의 중에 제자들에게 묻곤 하는 질문이 하나 있다. '인생의 전성기는 몇 살쯤이라고 생각하는가?'라는 질문이다. 그러면 각자 생각한 자기 인생의 전성기에 대해 적어낸다. 어떤 대학생은 49살쯤이라고 적는다. 그런가 하면 60대 어디쯤일 거라고 말하는 학생도 있다. 심지어 '아무리 생각해도 저는 초등학생 시절이 인생의 전성기였던 것 같아요'라고 말하는 제자도 있다. 그러나 뭐니 뭐니해도 가장 많은 학생들이 20대 후반에서 30대 초반을 인생의 전성기로 꼽는다.

그런데 정말 그런 걸까? 인생의 전성기가 29~31살쯤에 찾아오는 것일까? 물론 그럴 수도 있을 것이다. 하지만 인생에서 가장 왕성하고 잘나가는 시기가 서른 살 즈음이라는 것은 쉽게 동의하기 어렵다. 인생에서 서른 살은 계절로 치자면 아직 봄철 아니겠는가. 인생의 가을도 아니고 이른 봄에 벌써 인생의 전성기를 맞이한다면 그 이후의 삶은 어떻게 살아가야 한단 말인가.

전성기는 어느 날 갑자기 찾아오는 것이 아니다. 수많은 우여곡절을 겪으면서 인생의 쓴맛과 매운맛을 여러 번 경험해본 후에야 비로소 찾아오는 절묘하게 달콤한 맛이다. 너무 자극적으로 달지도 않으면서 음미할수록 깊은 맛이 우러나와 저절로 마음이 뿌듯해지는 맛이다. 서른 즈음에 그 맛을 보기란 쉽지 않다. 설사 나이 서른에 전성기의 맛을 봤다 해도 마흔 살이 되면 그게 진짜 전성기가 아니었음을 스스로 느끼게 될 것이다. 마찬가지 이유로 어쩌면 마흔 즈음의 전성기 역시 쉰 언저리에서 보면 참 맛이 아닐 수도 있다.

인생의 전성기는 사람마다 다를 것이다. 하지만 전성기를 경험해본 사람은 안다. 그것은 인생의 지나간 어느 한 시절일 수도 있지만 아직 오지 않은 미래의 어느 시점일 수도 있다는 것을. 아니 어쩌면 산전수전을 다 겪고 우여곡절을 다 지나온 과정 모두가 알고 보니 인생의 전성기였음을 시간이 지난 후에야 통감할지도 모른다. 내 인생의 전성기는 남이 평가하거나 알아주는 것이 아니라 나 스스로 규정하는 것이다. 남이 뭐라 하든 살면서 내가 가장 아름답고 의미 있는 시절이었다고 믿는다면 그것이 바로 전성기인 것이다.

그런 의미에서 내 인생의 전성기는 아직 오지 않았다고 생각한다. 아니 어쩌면 지금이 바로 내 인생의 전성기라고 나는 믿는다. 왜냐하면 나는 이렇게 내가 하고 싶고 좋아하는 글을 쓰고, 누군가 이 글을 읽어줄 것을 상상하며 행복해하고 있고, 또한 앞으로도 글을 통해 인생을 아름답게 살려고 노력하는 이들과 공감하고 공유하며 더 나은 삶에 대해 성찰하는 일을 할 것이기 때문이다. 더 나아가 나는 이런 나의 활동을 일이 아니라 즐거운 놀이라고 생각하기 때문이다.

인생의 전성기가 벌써 지나갔다거나 아직 오지 않았다고 생각하기보다는 지금 이 순간이 바로 내 인생의 하이라이트라고 생각하는 순간 오늘이라고 하는 시간은 허투루 보낼 수 없는 시간으로 자리매김한다. 지금이 내 인생의 절정기라고 여기며 사는데 이 시간을 아무렇게나 함부로 흘려보내버리고 싶겠는가. 무언가 좀 더 가치 있고 의미 있게 시간을 디자인하려고 노력하지 않겠는가. 바로 그런 노력 자체가 오늘의 삶을 즐겁고 재미있게 해주는 산파 역할을 한다고 믿는다. 내가 생각하기에 따라 오늘이라고 하는 시간은 누구에게나 인생의 전성기가 될 수 있다. 그런 하루하루가 지속된다고 할 때 인생의 전성기는 지금부터 죽을 때까지 계속 이어질 수 있다. 누구나 마음만 먹으면 현재와 미래의 시간을 과거 어느 때보다도 가치 있고 보람 있게 살아갈 수 있다.

거기에 덧붙여 경제적 자유와 시간적 자유를 덤으로 가지고 살아간다면 그것보다 더 아름답고 복된 인생이 또 있을까. 그런 경제적 자유를 구가하기 위해 지금 이 순간에도 부의 복제 시스템을 구축해나가고 있다면 그 자체로도 이미 충분히 만족스런 삶이 되지 않겠는가. 그뿐 아니라 하루의 시간을 오로지 돈과 맞바꾸기 위해 다 써버리기보다는 더 나은 내가 될 수 있도록 나에게 시간을 내어줄 수 있다면 그야말로 금상첨화의 삶이 아니겠는가. 그렇게 살지 못할 이유가 어디에 있단 말인가. 우리는 각자 마음먹기에 따라 얼마든지 그렇게 살 수 있지 않은가. 우리가 이 세상에 온 이유는 그렇게 살다가 소풍 끝내고 다시 홀가분한 마음으로 귀천하기 위함 아니겠는가.

그러므로 지금 이 순간을 가장 자기답게 사는 사람이 전성기를 구가하는 주인공이다. 오늘 이 순간 가장 하고 싶고 좋아하는 일을 즐겁게 하는 사람이 전성기를 살고 있는 중이다. 오늘을 열정적으로 살지 못하면 삶이 뜨거워질 수 없다. 뜨겁지 않은 삶을 전성기라고 부를 수는 없다. 인생은 어느 날 갑자기 뜨거울 수 없다. 오늘이 치열하지 않으면 언제 뜨거운 날이 올지 기약할 수 없다. 오늘 열정의 불을 지피지 않으면 삶은 언제 뜨거워질지 알 수 없다.

그러니 지금 이 순간 뜨거울 줄 알아야 한다. 지금 이 순간을 즐길 수 있어야 한다. 지금 이 순간 좋아하거나 하고 싶은 일을 재미있게 해야 한다. 오늘을 놓치지 마라. 오늘을 헛되이 보내지 마라. 오늘 최선을 다하라. 인생의 전성기는 바로 지금이기 때문이다. 인생 최고의 날은 바로 오늘이기 때문이다. 이 순간이야말로 인생에서 가장 빛나야 할 날이기 때문이다.

—

나는 그 욕망들의 이름을 기억하고 하나둘 불러내어
삶과 동행할 것이다. 그 욕망들은 평생 동안 간직할
내 소중한 삶의 자산이 되어줄 것이다.
이것이 누적되면 언젠가 내 인생의 에펠탑이 세워질 것이다.

우리는 지금 20세기 창고에 들어 있는 치즈와 21세기 창고에 들어 있는 치즈를 두고 선택의 문제에 직면해 있다. 많은 사람들이 아직도 20세기의 치즈가 들어 있는 창고에서 발을 떼지 못하고 있다. 그런데 문제는 그 치즈가 점점 줄어들고 있다는 사실이다. 그러한 사실을 알고 있으면서도 어찌하지 못하고 발만 동동 구르고 있는 형국이다. 언제까지 그렇게 발만 동동 구르고 있어야 하는 것일까. 그렇게 있으면 다시 창고에 치즈가 채워질까. 그런 일은 절대로 없다.

시간이 갈수록 20세기 창고의 치즈는 더욱 바닥을 드러낼 것이다. 그대로 있다간 불타는 갑판 위에서 구조헬기가 오기만 기다리고 있던 파이프 알파 굴착선 화재사고 희생자들처럼 절체절명의 위험에 처하게 될지 모른다.

어쩌면 작금의 환경은 밥 밸런타인이 처했던 것과 흡사한 상황인지 모른다. 불확실하고 두려운 나머지 발걸음이 잘 떨어지지 않겠지만 20세기 창고 안에 그대로 있기보다 21세기 창고를 향해서 한 걸음씩 발걸음을 옮기는 것이 더 현명한 선택일지 모른다. '위기'란 늘 위험과 기회를 동시에 내포하고 있기에 위험을 회피하려고만 하지 말고 차라리 새로운 기회를 찾아 적극적인 도전의 길에 오르는 것이 낫지 않을까.

직업과 일의 세계에서도 마찬가지다. 과거의 사고방식을 가지고서는 21세기에 제대로 대처해나가기가 결코 쉽지 않다. 직장이 중요하던 시대는 이미 저물고 있다. 직업이 더 중요한 시대가 오고 있다. 그러므로 직장과 직업을 혼동해서는 안 된다. 직장은 '남의 것'이고 직업이 '내 것'이다. 직장은 언제든 나를 버릴 수 있지만, 직업은 절대 나를 버리지 않는다. 직장은 길어야 20~30년 동안 나를 지켜줄지 모르나, 직업은 내가 스스로 포기하지 않는 한 평생 나를 버리지 않고 지켜줄 것이다. 그렇기 때문에 일시적으로 나와 함께할 직장을 구하는 데 애를 쓸 일이 아니라 평생을 나와 함께할 나만의 직업을 갖는 데 심혈을 기울여야 한다.

21세기를 취업이 아닌 창업의 시대라고들 한다. 남의 일을 대신해주고 고용주가 주는 '품삯'을 받는 취업보다는 내 일을 하고 내가 나에게 지불하는 창업이 점점 대세를 이루어나가는 시대가 열리고 있다. 이제 직장은 차츰 종말을 고하고 있다. 그렇다고 해서 직장이 아예 사라진다는 의미는 아니다. 직장은 여전히 존재할 것이다. 다만 기존의 직장이 많이 없어질 것임은 주지의 사실이다. 그 자리를 대신해 이제까지 없던 새로운 직업들이 속속 출현할 것이다. 이 시대적 흐름과 변화의 본질을 알지 못하면 미래는 내게 결코 희망적인 모습으로 다가오지 않을 것이다.

4차 산업혁명은 우리가 원하든 원하지 않든 삶에 많은 변화를 가져올 것임에 틀림없다. 일의 세계에 지각변동이 일어날 것이다. 그것을 예측하고 미리 발걸음을 옮기는 사람과 그저 지켜만 보고 있는 사람 사이에는 시간이 갈수록 점점 더 간극이 크게 벌어진다.

여기서 꼭 확인하고 가야 할 것이 있다. 열심히 살고 있다고 생각하지만 나도 모르는 사이에 혹시 역주행을 하고 있지는 않은지 살펴보라는 것이다. 21세기의 치즈가 들어 있는 창고를 가리키는 이정표가 따로 있음에도 불구하고 너무나 익숙한 20세기 이정표가 가리키는 곳을 향해 역주행을 하고 있다면 주저하지 말고 유턴을 해야 한다. 자동차 도로에서 역주행을 하면 큰 사고가 나는 것처럼 삶에서 역주행을 하면 나도 모르는 사이에 인생이 절단난다. 따라서 새로운 치즈가 있는 창고가 어디인지 그 방향을 인지하는 데 주의를 게을리하지 말아야 한다.

그런 21세기형 창고 중에 프로슈머 마케팅이 있다. 이것은 소비에서 직업이 창출되는 낯설고 생소한 신종 창업이다. 기존의 패러다임을 가지고는 이해하기도 어렵고 실행하기는 더욱 버거운 비즈니스이기도 하다. 그럼에도 신념을 가지고 꾸준히 자신만의 고유한 비즈니스를 개척해온 선행자들이 있다. 그 덕분에 그들을 벤치마킹하고 그 길을 함께 가려고 하는 사업자들이 갈수록 늘어나고 있다. 이것은 참으로 고무적인 일이며 앞으로 더욱 많은 사업자들이 프로슈머 마케팅에 참여할 것이다. 시간이 갈수록 그 길은 더욱 탄탄하고 넓어질 것이다.

20세기에는 시간과 돈을 맞바꿨다. 내가 돈을 얻기 위해서는 직장 생활을 하고 돈과 바꿔야 했다. 그런데 21세기에는 이것이 다가 아니다. 반드시 시간과 돈을 맞바꿔야 하는 개념이 아닌 것이다. 최경자님과 정하일님이 만나서 하모니를 이루고 최상의 콤비네이션을 창출해내어 환상적인 궁합을 맞춰나가라고 하는 것이 21세기가 우리에게 전하는 궁극의 메시지다.

그러므로 20세기처럼 경제적 자유와 시간적 자유를 다 누리지 못하는 것이 아니라 이 두 가지를 함께 누릴 수 있는 그런 길을 만들어 나가는 것이 21세기에 우리가 해야 할 중차대한 과제이다. 그것의 핵심은 두말할 것도 없이 내가 부의 시스템을 소유하느냐 못 하느냐에 달려 있다. 그 시스템이 이재용 부회장과 같이 재벌 기업의 시스템을 갖추라는 의미가 아니다. 누구나 하고 있는 일상적인 소비활동을 단지 일방적으로 쓰기만 할 것이 아니라 '돈을 쓰면서 돈을 버는' 직업으로 만들고 그 일을 부지런히 주변 지인들에게 홍보하여 이미 그 길을 성공적으로 걸어가고 있는 사업자들처럼 나만의 소비자 네트워크 시스템을 구축하라는 것이다. 그 길을 부지런히 10년 동안, 아니 5년 동안만 꾸준히 걷게 된다면, 어느 누구도 상상하지 못한 나만의 멋진 에펠탑이 세상에 모습을 드러낼 것이라고 확신한다.

따라서 빛나는 '내일'을 위해서 오늘 '내 일'을 준비해야 한다. 내 미래를 위해서 남의 일이 아닌 내 일을 할 수 있게 대비해야 한다. 그 핵심은 시스템에 있다. 더 이상 돈을 만드는 기계의 부품이 되지 마라. 그 대신 돈이 나오는 기계를 소유하라. 그러한 시스템을 만들기 위해서 함께 지혜를 모으고 생각을 공유하며 상생의 정신으로 도약을 모색하라.

마지막으로 이 책의 결론은 이렇다. 첫째, 소비자 네트워크 시스템을 구축함으로써 부의 복제수단을 만들어 최소한의 경제적 자유를 누리고, 이 시스템이 잘 돌아감에 따라 내가 여행을 다녀오고 취미생활을 하고 실컷 독서를 하더라도 시스템으로부터 지속적으로 소득이 발생하도록 지금부터 준비하고 실천하려는 노력을 꾸준히 하라는 것이다. 둘째, 시간적 자유와 더불어 21세기에 당연히 누릴 수 있는 공간적 자유까지 합쳐 이 세 가지 자유가 삼위일체를 이룰 수 있도록 디지털 유목민, 디지털 노마드가 되어서 자유로운 영혼으로 살아가라는 것이다. 더 나아가 이를 통해 내 인생을 향유할 뿐만 아니라 세상의 많은 사람들, 내 주변의 소중한 사람들에게 박수 받고 존경 받는 사람이 되면 어떻겠느냐 하는 간절한 소망과 바람을 피력하고 싶다.

우리 주변에는 서로 돕고 함께 해나가야 할 분들이 많이 있다. 700만 명이 넘는 엘리트 전업주부들이 여전히 마트만 찾고 있다. 또한 대한민국은 노년층 인구가 세계에서 가장 빨리 증가하고 있는 나라다. 60년 이상을 살면서 쌓았던 커리어를 경제 발전에 크게 기여할 수 있음에도 그런 기회가 거의 주어지지 않고 있다. 그런 분들에게도 기회를 주어야 한다. 마지막으로 젊은이들 또한 안타깝기 짝이 없다. 취업하기가 점점 어려워지자 수많은 젊은이들이 공무원이 되겠다고 너도 나도 공무원시험 공부에 매달린다. 하지만 고작해야 100명 중 2명 정도만 공무원이 되는 것이 현실이다. 떨어진 98명은 다시 재수 또는 삼수를 하거나 이러지도 저러지도 못하고 갈팡질팡하며 살아간다. 젊음이라는 최고의 자산을 붙을 확률이 대단히 낮은 공무원에 허비할 일이 아니라 더 가치 있는 일에 쓸 수 있도록 동기를 부여해주라. 전업주부와 은퇴한 시니어들과 아직 푸르디푸른 젊은 청년세대 모두가 훌륭한 파트너가 될 수 있다. 그들에게 프로슈머 마케팅의 본질과 가치를 제대로 꾸준히 알려라. 그리하여 그들에게 세상의 빛

에필로그

이 될 수 있음을 스스로 증명하고 함께 더불어 나아가라.

바라건대 21세기가 마련해준 매력적인 기회의 창을 활짝 열어주어라. 소수에게만 부가 집중되는 '독점 자본주의'가 아니라 더불어 함께 잘살 수 있는 '대중 자본주의'의 길을 앞장서서 열어줘라. 그것이 내 인생의 사명이 되게 하라. 그 사명을 자랑스럽게 실천하는 당당하고 떳떳한 사업가가 되어서 세상 모든 사람들에게 공헌하고 기여하고 봉사하고 헌신하는 멋진 미래의 주인공이 돼라. 그대 인생의 전성기는 바로 오늘부터 시작이다!

1. 삼성경제연구소, 「SERI 영상보고서 으랏차차 코리아」, 2009 참조.

2. 정균승, 『유비쿼터스 혁명과 프로슈머 마케팅』, 엔타임, 2004, pp.102-104.

3. 같은 책, pp.104-106.

4. 농업(Agriculture)과 물가상승(Inflation)의 합성어.

5. 《경향신문》, 2019.8.10.

6. 조성호, 「청년층의 경제적 자립과 이성교제에 관한 한·일 비교연구」, 『보건사회
   연구 38권 4호』, 2018.

7. '백수'라는 표현은 한푼도 없으면서 하는 일 없이 빈둥거리는 사람을 속되게 부
   르는 말이다. 할 일 없이 놀고먹는 건달을 낮추어 표현하는 말이기도 하다.

8. 흔히 노동소득을 근로소득이라고 표현하기도 한다. '노동자' 대신 '근로자'라는
   표현을 쓰기도 한다. 그러나 '노동'과 '근로'는 엄격한 의미에서 서로 다르다. 노
   동이라는 표현이 더 적절하다. 그렇다면 왜 노동자라는 표현을 쓰지 않고 근로
   자라는 표현을 썼을까? 1948년 제헌헌법 제정 당시 이념적인 대립 상황에서
   '노동'이라는 단어를 불온·불순하게 여겨 지시하면 지시하는 대로 순종한다는
   의미가 내포되어 있는 근로라는 단어를 사용한 것이다.

9. 정균승(2010), 『돈 버는 소비자, 프로슈머의 시대』, 엔타임, p.70.

10. 현행 법률상 네트워크 마케팅은 <방문판매 등에 관한 법률>에 의거하여 '다
    단계판매'라는 명칭으로 불리고 있다. 다단계판매의 본래 명칭은 MLM(Multi-
    level Marketing)이다. 이것이 일본에 전해지는 과정에서 다단계로 바뀌었고,
    우리는 일본식 용어를 그대로 받아들여 사용하고 있다. 그러나 멀티레벨이라

함은 '다단계'라는 표현보다는 '네트워크'라는 표현이 더 적절하다. 따라서 이 책에서는 다단계판매가 아니라 네트워크 마케팅이란 용어를 사용하기로 한다.

11. 공식적으로 지동설은 16세기에 코페르니쿠스가 처음 주장한 것으로 알려져 있지만 사실 지동설의 역사는 꽤 오래되었다. 지구가 태양 주위를 돌고 있다는 생각을 최초로 한 사람은 기원전 5세기 필로라우스로 알려져 있다.

12. 파이어(FIRE; Financial Independence, Retire Early)족은 2008년 세계적인 금융위기 이후 미국의 젊은 계층을 중심으로 확산되고 있는 새로운 그룹이다. 이들은 30대 말이나 40대 초반 조기 은퇴를 목표로 20대부터 은퇴자금을 마련하는 데 온 힘을 기울인다.

13. 전체 등록 판매원 수 903만 명은 등록된 판매원 수를 합한 숫자로 다른 업체에도 중복가입하거나 판매원 등록만 하고 판매활동은 하지 않는 경우도 많으므로 실질적인 판매원 수는 이보다 적을 것으로 추정된다.

14. 《동아일보》, 2008.8.14.

15. 특허청 특허 등록 제 10-1223325호.

| 도움 받은 자료들

김찬호, 『돈의 인문학』, 문학과지성사, 2011.

노경원, 『늦지 않았어 지금 시작해』, 시드페이퍼, 2012.

리처드 N. 볼스(조병주 옮김), 『당신의 파라슈트는 어떤 색깔입니까?』, 동도원, 2002.

마크 맨슨(한재호 옮김), 『신경 끄기의 기술』, 갤리온, 2017.

밥 버포드(김성웅 옮김), 『하프타임』, 낮은울타리, 2000.

보도 섀퍼(이병서 옮김), 『돈』, 북플러스, 2003.

이영직, 『세상을 움직이는 100가지 법칙』, 스마트비즈니스, 2009.

정균승, 『돈 버는 소비자, 프로슈머의 시대』, 엔타임, 2010.

정균승, 『돈을 쓰면서 돈을 버는 프로슈머 마케팅』, 엔타임, 2005.

정균승, 『천직, 내 가슴이 시키는 일』, 김영사, 2013.

정예재, 『벽을 깨면 비로소 보이는 네트워크 마케팅 바로알기』, 엔타임, 2015.

제러미 리프킨(이희재 옮김), 『소유의 종말』, 민음사, 2001.

존 암스트롱(정미우 옮김), 『인생학교 돈』, 쌤앤파커스, 2013.

지미 카터(김은령 옮김), 『나이 드는 것의 미덕』, 끌리오, 1999.

최진기, 『한 권으로 정리하는 4차 산업혁명』, 이지퍼블리싱, 2018.

EBS 다큐프라임 '100세 쇼크' 제작팀, 『100세 수업』, 월북, 2018.

NH투자증권 100세시대연구소, 『100세 쇼크』, 굿인포메이션, 2018.

프로슈머의 시대는 어떻게 오고 있는가
소비가 직업이다

2판 1쇄 발행   2023년 4월 25일
2판 2쇄 발행   2024년 3월 25일

지은이   정균승
펴낸이   조윤규
편집   민기범
디자인   홍민지

펴낸곳   (주)프롬북스
등록   제313-2007-000021호
주소   (07788) 서울특별시 강서구 마곡중앙로 161-17 보타닉파크타워1 612호
전화   영업부 02-3661-7283 / 기획편집부 02-3661-7284 | 팩스 02-3661-7285
이메일   frombooks7@naver.com

ISBN   979-11-88167-26-5 03320

이 도서의 국립중앙도서관 출판예정도서목록(CIP)은 서지정보유통지원시스템 홈페이지(http://seoji.nl.go.kr)와 국가자료공동목록시스템(http://www.nl.go.kr/kolisnet)에서 이용하실 수 있습니다. (CIP제어번호 : CIP2020000221)